DO CRIME DE
OMISSÃO DE SOCORRO

Dados Internacionais de Catalogação na Publicação (CIP)
(Câmara Brasileira do Livro, SP, Brasil)

Oliveira, Marcos Granero Soares de
   Do crime de omissão de socorro / Marcos Granero
Soares de Oliveira. -- 1. ed. -- São Paulo :
Ícone, 2010.

   Bibliografia
   ISBN 978-85-274-1122-6

   1. Crime de omissão de socorro 2. Crime por
omissão 3. Direito penal I. Título.

10-05762   CDU-343

Índices para catálogo sistemático:

1. Crime de omissão de socorro : Direito penal
   343

Marcos Granero Soares de Oliveira

DO CRIME DE
OMISSÃO DE SOCORRO

1ª edição

Brasil – 2010

Ícone
editora

© Copyright – 2010
Marcos Granero Soares de Oliveira
Direitos cedidos à Ícone Editora Ltda.

Projeto gráfico, capa e diagramação
Richard Veiga

Revisão
Cláudio J. A. Rodrigues
Juliana Biggi

Proibida a reprodução total ou parcial desta obra, de qualquer forma ou meio eletrônico, mecânico, inclusive através de processos xerográficos, sem permissão expressa do editor. (Lei nº 9.610/98)

Todos os direitos reservados à
ÍCONE EDITORA LTDA.
Rua Anhanguera, 56 – Barra Funda
CEP: 01135-000 – São Paulo/SP
Fone/Fax.: (11) 3392-7771
www.iconeeditora.com.br
iconevendas@iconeeditora.com.br

SUMÁRIO

Introdução, 9

Capítulo I
PRINCÍPIOS FUNDAMENTAIS DO DIREITO PENAL
APLICÁVEIS AO CRIME DE OMISSÃO DE SOCORRO, 11

1 Princípio da Legalidade, **11**

2 Princípio da Anterioridade da Lei, **11**

3 Princípio da Culpabilidade, **12**

4 Princípio da Irretroatividade da Lei Penal Mais Severa, **12**

5 Princípio da Igualdade, **13**

6 Princípio da Insignificância, **13**

7 Princípio da Proporcionalidade da Pena, **13**

8 Princípio da Humanidade, **13**

Capítulo II
DESENVOLVIMENTO HISTÓRICO, 15

1 A Omissão de Socorro na Evolução do Direito Estrangeiro, **15**

2 A Omissão de Socorro na Evolução do Direito Brasileiro, **16**

Capítulo III
O CRIME DE OMISSÃO DE SOCORRO, 21

1 Conceito, **21**
    1.1 Omissão, **21**
    1.2 Socorro, **23**

2 Objetividade Jurídica, **23**

3 Sujeitos do Delito, **24**
    3.1 Sujeito ativo, **24**
    3.2 Sujeito passivo, **25**

4 Tipo Objetivo, **26**

5 Tipo Subjetivo, **27**

6 Qualificação Doutrinária, **28**

7 Consumação, **29**

8 Tentativa, **29**

9 Concurso de Agentes, **30**

10 Concurso de Delitos, **31**

11 Formas Qualificadas, **31**

Capítulo IV
OMISSÃO DE SOCORRO NO CÓDIGO DE TRÂNSITO BRASILEIRO, 33

1 Os crimes de trânsito e a dogmática penal, **33**
    1.1 Objetividade jurídica e material dos crimes em geral, **33**
    1.2 A dogmática penal em face dos novos objetos jurídicos, **34**
    1.3 A segurança nas relações de trânsito como interesse público, **34**
    1.4 Objetividade jurídica principal e secundária dos delitos de trânsito, **35**
    1.5 Qualificação típica dos delitos de trânsito, **35**

2 Do Crime de Omissão de Socorro em Espécie no Código de Trânsito Brasileiro, **36**

3 Comportamento do Motorista em Caso de Acidente Segundo a Convenção de Viena, **36**

4 Objetividade Jurídica, **37**

5 Sujeito Ativo e Sujeito Passivo, **37**

6 Tipo Objetivo, **38**

7 Consumação e Tentativa, **38**

8 Interpretação do Parágrafo Único do art. 304 do CTB, **39**

9 Condutor de Veículo que não Seja Automotor, **40**

10 Condutor que se Envolve em Acidente de Trânsito sem Culpa e não Presta Socorro, **41**

11 Desprezo de Vítima Ferida em Estrada, **42**

Capítulo V
OMISSÃO DE SOCORRO MÉDICO, 43

Capítulo VI
A OMISSÃO DE SOCORRO TRATADA NA LEGISLAÇÃO ESTRANGEIRA, 49

1 Código Penal Argentino, **49**

2 Código Penal Boliviano, **50**

3 Código Penal Colombiano, **50**

4 Código Penal Espanhol, **51**

5 Código Penal Francês, **51**

6 Código Penal Italiano, **52**

7 Código Penal Português, **53**

Capítulo VII
JURISPRUDÊNCIAS, 55

Conclusão, 203

Bibliografia, 205

Introdução

O Direito nos tempos de hoje busca cada vez mais em seu processo de evolução inserir o dever de ajudar o próximo necessitado em seu contexto legal.

Através da norma penal, o legislador buscou resguardar a solidariedade que deve existir entre os homens, tornando como obrigatório o dever de garantir socorro a quem dele necessitar, visando principalmente à proteção à vida e à incolumidade pessoal dos cidadãos e bens jurídicos, cuja tutela é necessidade indiscutível para o direito penal.

O legislador buscou não apenas resguardar um número de pessoas certas e determinadas, mas um universo amplo de seres humanos que se relacionam entre si e que no decorrer da vida estão suscetíveis a acidentes, lesões graves e até mesmo correr risco de morte.

A legislação trata a omissão de socorro em diversas situações, sendo ela prevista no Código Penal em seu artigo 135, além de estar presente no Código de Trânsito Brasileiro em seu artigo 304 e até mesmo no Novo Código de Ética Médica previstos em seus artigos 7 e 33.

Não é possível encontrar a omissão de socorro como conduta delituosa nos tratados e legislações mais antigos da forma como vemos hoje. Apenas com o desenvolver das sociedades e o crescimento do sentimento de solidariedade entre os povos que a conduta passou a vigorar entre os novos códigos e leis como crime.

O presente trabalho tem como objeto o estudo do crime de omissão de socorro, focalizando individualmente cada aspecto na legislação e suas consequências.

Nesse universo de situações, visando responder e analisar todas as questões propostas, o presente trabalho será desenvolvido de maneira eclética, contrabalançando princípios, valores e opiniões diversas a respeito da matéria, uma vez que várias técnicas deverão ser utilizadas concomitantemente, com o fim de se chegar a uma clara demonstração do tema em estudo.

Capítulo I

PRINCÍPIOS FUNDAMENTAIS DO DIREITO PENAL APLICÁVEIS AO CRIME DE OMISSÃO DE SOCORRO

1 PRINCÍPIO DA LEGALIDADE

Previsto na Constituição Federal no art. 5º, XXXIX, e também no art. 1º do Código Penal, o princípio determina que não existe crime sem que a lei o defina, e não há pena sem que haja uma cominação legal.

2 PRINCÍPIO DA ANTERIORIDADE DA LEI

O princípio também está presente no art. 5º, XXXIX da Constituição Federal, e também no art. 1º do Código Penal. Segundo este, não há crime sem que a lei anteriormente o defina e não há pena sem que haja prévia cominação legal.

Ou seja, para que uma conduta seja considerada criminosa, é necessário que a lei assim preveja antes do fato ocorrido, somente desta forma poderá ser imposta pena àquele que a infringir.

3 PRINCÍPIO DA CULPABILIDADE

Do latim *nullum crimen sine culpa*, o princípio dita que aquele que cometeu a conduta delituosa somente poderá ser apenado tendo agido com dolo ou culpa e que esta mereça juízo de reprovação.

O mestre Damásio E. de Jesus assim define:

> *É um fenômeno individual: o juízo de reprovabilidade (culpabilidade), elaborado pelo juiz, recai sobre o sujeito imputável que, podendo agir de maneira diversa, tinha condições de alcançar o conhecimento da ilicitude do fato (potencial consciência da antijuridicidade). É também um fenômeno social: a correlação de forças sociais de determinado momento histórico é que determina quem deve ser considerado culpado ou inocente...* [1]

4 PRINCÍPIO DA IRRETROATIVIDADE DA LEI PENAL MAIS SEVERA

O princípio previsto pelo art. 5º, XL da Constituição Federal e art. 2º e parágrafo único do Código Penal determina que é irretroativa a lei posterior mais severa, sendo que a posterior mais benéfica é sim retroativa.

---

[1] JESUS, Damásio E. de. **Crimes de Trânsito**. 4ª ed. São Paulo: Saraiva, 2000. p. 10.

5 PRINCÍPIO DA IGUALDADE

Dita o princípio de que todos são iguais perante a lei, independente de cor, sexo, raça, religião, etc. está previsto no art. 1º, *caput*, da Constituição Federal.

6 PRINCÍPIO DA INSIGNIFICÂNCIA

Este princípio vem sendo bastante utilizado pela nossa jurisprudência e determina que o Direito Penal, através da adequação típica, somente intervenha em casos que realmente ocorram grave lesão jurídica, devendo desconsiderar aqueles que não apresentem tamanha gravidade.

7 PRINCÍPIO DA PROPORCIONALIDADE DA PENA

Também conhecido como princípio da proibição do excesso, visa resguardar o réu de possíveis exageros na aplicação da pena. Segundo este, a pena não pode exceder o grau de culpabilidade do autor.

8 PRINCÍPIO DA HUMANIDADE

O princípio da humanidade determina que o réu deve ser tratado como pessoa humana, ele visa proteger o réu antes e durante o processo, além de protegê-lo também na fase executória da pena com a proibição de penas abusivas e degradantes.

Capítulo II

DESENVOLVIMENTO HISTÓRICO

1 A OMISSÃO DE SOCORRO NA EVOLUÇÃO DO DIREITO ESTRANGEIRO

Desde os tempos mais antigos da história da humanidade, encontramos diversos exemplos de cominação de penas a omissões que implicam a ausência de solidariedade humana.

No Código de Manu, cominava-se a pena de banimento àqueles que deixassem de prestar auxílio às cidades dominadas por malfeitores ou se bandidos avançassem pela estrada principal. No Direito Hebraico, consagrou-se o dever juridicamente exigível, com penas muito severas, de evitar um dano ao semelhante, sempre que fosse facilmente evitável. Era punido com a pena capital, no Egito, não só quem matava, mas igualmente aquele que, podendo salvar uma pessoa agredida, não acorresse em sua defesa.

Osmar Rentz Périas relata que:

> *na legislação romana o principio vigorante era de que* "nullum crimen patitur is, qui non prohibet, cum prohibere potest". *Excepcionalmente impunha-se o dever jurídico de se intervir para evitar um crime contra outrem, sob pena de aplicação de penalidade capital. Tal dever se impunha aos escravos e aos militares, cuja obrigação, com risco da própria vida a promover a defesa de seus* praepositi *ou* domini.[2]

Pelo Direito Justiniano, os patrões deviam impedir os crimes dos próprios servos; se podendo, não o faziam, tornavam-se responsáveis perante o ofendido, a quem era dado intentar contra eles a ação penal privada.

Apesar de estar presente desde os tempos remotos da história da humanidade, legislações recentes de outros países deixaram de incluir entre seus dispositivos o crime de omissão de socorro, ou não fizeram nos termos geralmente aceitos. Entre eles, o Código Penal Suíço de 1937 e o Chinês de 1935.

2 A OMISSÃO DE SOCORRO NA EVOLUÇÃO DO DIREITO BRASILEIRO

No Brasil colônia, algumas formas criminosas omissivas já se faziam presentes, entre elas a que tornava obrigatória à prévia denúncia de algum delito a ser cometido por terceiros. O livro V das Ordenações Filipinas, no título CV assim dizia sob a epígrafe *Dos que encobrem os que querem fazer o mal:* "Mandamos, que ninguém tenha, ou encubra em sua casa, ou em outro lugar pessoa alguma, que queira matar, ou fazer mal a outrem em nossos Reinos e Senhorios; e se alguns pousarem, ou se acolherem encobertamente em alguma casa, ou em outro lugar, o senhor dela, ou

---

2 PÉRIAS, Osmar Rentz. **Omissão de Socorro**. Ed. 2001. São Paulo-SP: CL EDIJUR, 2001, p. 15.

quem em ella morar, sendo disso sabedor, os deite logo fora e faça-o saber à Justiça da terra, antes que se mal o faça".

João Bernardino Gonzaga assim diz que:

> *silenciosa era ainda a lei sobre a efetiva prestação de socorro. E assim continuou durante todo o Império, embora o Código Criminal de 1830 já aludisse expressamente às duas modalidades que pode assumir o comportamento delituoso e abundassem, na sua parte especial, as infrações omissivas. Mais ainda, esse código, influenciado pelas ideias liberais, abandonou o tradicional sistema que existia no Direito anterior, apesar do apoio que o código austríaco de 1803 e um dos estatutos tomados como modelo pelos nossos legisladores, o Código Penal da Bavária, de 1813, quando, em fórmula mais modernizada, punia aqueles que, antecipadamente cientes da perpretação de algum crime, tivesse deixado de alertar as autoridades ou a pessoa visada.*[3]

O Código monárquico não contemplava o crime de omissão de socorro. Mesmo com o primeiro código republicano, demorou-se a elevar o nível da produção doutrinária no campo dos crimes omissivos. No diploma, falava-se apenas da obrigatoriedade legal de prestar socorro aos recém-nascidos ou crianças menores de sete anos abandonadas em lugar ermo, devendo apresentá-los ou avisar à autoridade pública mais próxima.

João Bernardino Gonzaga assim expõe acerca do tema:

> *Observa-se, contudo, que, mais do que a integridade física da vítima, o legislador visou assim resguardar a personalidade civil. Por isso limitou a sua tutela aos menores de sete anos; por isso, também, localizou*

---

[3] GONZAGA, João Bernardino. **O Crime de Omissão de Socorro**. São Paulo: Max Limonad, 1957, p. 79.

*a nova infração no título IX, onde ficaram agrupados
os crimes contra o estado civil, ao invés de incluí-la no
título seguinte, em que se protegiam a segurança e a vida
das pessoas. E comprova ainda o legado a circunstância de que, sem acolher as sugestões que lhe ofereciam o
art. 389 do Código Zanardelli, que o precedera de pouco,
e as passagens acima transcritas do regulamento toscano
de 1853, o novo estatuto se contentou em tomar como
modelo o art. 346 do código português, que do mesmo
modo que os arts. 347 do código francês, no qual fora
cunhado, e 507 do Código Penal de Sardenha, objetivara
proteger, de modo precípuo, o estado civil dos cidadãos.* [4]

O Código Penal de 1890, mesmo não contemplando o crime de omissão de socorro, representou uma grande vitória do solidarismo social, que
nunca mais se viu separado do cenário legislativo brasileiro. Foi a partir
deste modelo que se criou os moldes do crime de omissão de socorro
dispostos na legislação atual.

A partir da Lei nº 2.848, de 1940, que institui o atual Código Penal,
em seu artigo 135 definiu desta forma o crime de omissão de socorro:

*Deixar de prestar assistência, quando possível
fazê-lo sem risco pessoal, à criança abandonada ou
extraviada, ou à pessoa inválida, ou ferida, ao desamparo ou em grave e iminente perigo; ou não pedir, nesses
casos, o socorro da autoridade pública:*
Pena – *detenção, de um a seis meses, ou multa.*
Parágrafo único: *A pena é aumentada de metade,
se da omissão resulta lesão corporal de natureza grave,
e triplicada, se resulta a morte.*

---

4 GONZAGA, João Bernardino. **O Crime de Omissão de Socorro**. São Paulo: Max
Limonad, 1957, p. 83.

Além do Código Penal, o crime de omissão de socorro é tratado também pela Lei nº 9.503, de 1997, lei esta denominada como "Código de Trânsito Brasileiro", em seu artigo 304 e até mesmo no Novo Código de Ética Médica previsto em seus artigos 7 e 33 conforme veremos no desenvolver do tema

É possível ainda encontrar o crime em tese na Lei dos Juizados Especiais Cíveis e Criminais de nº 9.099 de 1995 nos artigos 74, 76 e 86.

Capítulo III

O CRIME DE OMISSÃO DE SOCORRO

1 CONCEITO

1.1 Omissão

Omissão, na linguagem técnico-jurídica, é um ato negativo ou a ausência do fato. É o silêncio, é a lacuna.

Plácido e Silva, em seu **Dicionário Jurídico**, conceitua:

> **Omissão** – *do latim* "omissio", *de* omittere *(omitir, deixar, abandonar), exprime a ausência de alguma coisa. É assim, o que não se fez, o que se deixou de fazer, o que foi desprezado ou não foi mencionado.*[5]

---

[5] SILVA, Plácido e. **Dicionário Jurídico**. Rio de Janeiro: Forense, 1999, p. 573.

A negligência é um ato omissivo, pois se caracteriza pela inação, inércia, indolência, passividade. É a falta de observância dos deveres que as circunstâncias exigem.

Embora se diga ser um ato negativo, a rigor a omissão não é um fato, não é um acontecimento, pois revela o que não aconteceu.

No aspecto penal, a omissão pode dar causa a crime, quando este ocorre em razão do ato não praticado, quando previsto o dever legal de fazê-lo. É a omissão ao dever jurídico.

Conforme o artigo 13 do Código Penal, a omissão é conduta delituosa desde que produza lesão a um bem penalmente tutelado. Assim, nesse contexto, a conduta omissiva é sempre a ausência de ação que configura um fato típico.

Surgem, então, os crimes omissivos, que podem ser próprios ou impróprios. Estes são aqueles em que o agente, por deixar de fazer o que estava obrigado, produz o resultado. Já os crimes omissivos próprios são os praticados mediante o "não fazer" o que a lei manda, sem dependência de qualquer resultado.

O crime tipificado no artigo 135 do Código Penal é, dessa forma, um crime omissivo próprio, que se perfaz com a simples abstenção da prática de um ato, que é no instante em que, presentes os seus pressupostos, o sujeito omite a prestação de socorro.

É incriminada a simples abstenção de uma conduta socialmente útil, qual seja a prestação de socorro à vítima necessitada.

O conceito da omissão de socorro deriva do fato de que "o dever moral de solidariedade humana de amparar aqueles que necessitam de socorro é convertido em dever legal geral pela regra do artigo 135, que define o crime de omissão de socorro".[6]

Alguns doutrinadores divergem a respeito do nome correto do crime em espécie, assim Noronha expõe acerca da discussão:

---

6 MIRABETE, Julio Fabbrini. **Manual de Direito Penal**. 23ª ed. São Paulo: Atlas, 2005. v. 2, p. 136.

*Discute-se acerca do nome do crime em espécie. Por muitos, é chamado **indolência culpável**, denominação não muito adequada, já que indolência invoca mais a ideia de culpa* stricto sensu. *Manzini propõe o nome* omessa assistenza di pericolanti, *porém o Código de sua pátria batizou-o de* omissão de socorro, *nome também adotado pelo nosso.*[7]

1.2 SOCORRO

Socorro, na linguagem técnico-jurídica, significa assistência, amparo. Plácido e Silva, em seu **Dicionário Jurídico**, conceitua:

> **Socorro** *– do latim* "sucurrere", (ir ou vir em auxílio, auxiliar, aliviar), em sentido jurídico exprime, propriamente, a assistência, o amparo, ou a medida de previdência, destinados as pessoas que se mostrem em dificuldades, ou necessitadas de um auxílio proteção.[8]

Socorro deve ser prestado àquele que necessita de algum auxílio ou amparo. No caso da omissão de socorro, é a assistência imediata, que subsiste no dever de prestar de forma imediata o socorro à vítima ou, não podendo esta fazer por conta de risco a sua própria vida, deve comunicar a autoridade competente para que essa o faça.

2 OBJETIVIDADE JURÍDICA

Ele tem como objetividade jurídica à relação de solidariedade que deve existir entre os homens devido à obrigação genérica a que estamos submetidos na convivência. A legislação busca impor também a proteção à vida e a incolumidade pessoal dos cidadãos, porém, a tutela penal

---

7 NORONHA, E. Magalhães. **Direito Penal**. 26ª ed. São Paulo: Saraiva, 1994. v. 2., p. 94.

8 SILVA, Plácido e. **Dicionário Jurídico**. Rio de Janeiro: Forense, 1999, p. 1474.

protege somente estes interesses, ficando de fora outros interesses como a honestidade e o patrimônio. Protege-se principalmente a vida e a saúde da pessoa por meio da tutela da segurança individual.

3 SUJEITOS DO DELITO

3.1 SUJEITO ATIVO

Qualquer pessoa pode praticar o delito de omissão de socorro, pois não trata de crime próprio, ou seja, que exija qualidade pessoal do autor, não havendo a obrigatoriedade de qualquer vinculação anterior entre os sujeitos do fato criminoso. Existindo essa vinculação, que impõe um dever jurídico de proteção, poderá ocorrer crime mais grave como veremos a seguir.

O dever de solidariedade no crime de omissão de socorro pode ser genérico ou específico. Assim define Damásio E. de Jesus:

> *O dever genérico, como o próprio nome indica, é imposto a todas as pessoas. Ao contrário, a existência do dever específico de assistência exige vinculação jurídica especial entre sujeitos, como ocorre nas hipóteses de pai, tutor, médico, enfermeira, etc.*[9]

Portanto se o sujeito for um desses mencionados anteriormente haverá o crime de abandono de incapaz, descrito no art. 133 do CP, ou dependendo da situação, o crime do art. 244, definido como abandono material. Não havendo vinculação jurídica especial, subsistirá a omissão de socorro.

Julio Fabbrini Mirabete lembra que:

---

[9] JESUS, Damásio E. de. **Direito Penal**. 27ª ed. ver. e atual. São Paulo: Saraiva, 2005. v. 2, p. 180

o delito do artigo 135 exige, como um dos elementos formadores da omissão de socorro, que o autor da situação de perigo não seja o próprio causador (doloso ou culposo) das lesões. Não comete o crime em questão aquele que, depois de ferir outrem vulnerandi ou necandi animo ou culposamente, deixa-o privado de socorro. Responderá, conforme o caso, por lesão corporal (dolosa ou culposa), ou tentativa de homicídio, ou se a vítima vem a morrer, por homicídio (doloso, preterdoloso ou culposo) tão somente.[10]

3.2 Sujeito passivo

Sujeitos passivos são as pessoas mencionadas na letra da lei, ou seja, a criança abandonada; a criança extraviada; a pessoa inválida; a pessoa ferida; e a pessoa em grave e iminente perigo.

Em primeiro lugar, como sujeito passivo do crime está a criança, abandonada ou extraviada. A legislação não fixou limite de idade para a criança, sendo-a considerada, aquela que não possui condições, devido à imaturidade, de se defender. O que difere a criança extraviada da criança abandonada é que a primeira trata-se da criança perdida, ou seja, aquela que perdeu contato com os pais ou responsáveis, e, sem o auxílio destes, não consegue retornar a sua esfera de proteção; já a segunda é aquela que foi objeto de abandono por parte de quem deveria tê-la sob vigia.

Quanto à pessoa inválida, pode considerar-se esta como aquela que "por condição pessoal, de ordem biológica, física ou psíquica, como doença, defeito orgânico, debilidade da velhice, não dispõe de forças para dominar o perigo".[11] Não é suficiente a invalidez da pessoa, é necessário que esta se encontre desamparada no momento da omissão de socorro.

---

10 MIRABETE, Julio Fabbrini. **Manual de Direito Penal**. 23ª ed. São Paulo: Atlas, 2005. v. 2, p. 137.

11 BRUNO, Aníbal. **Crimes contra a Pessoa**. 4ª ed. Rio de Janeiro: Forense, 1978, p. 241.

A lei fala também da pessoa ferida, ou seja, aquela que tenha sofrido uma lesão a sua integridade física e que deixando de prestar-lhe assistência, quando possível fazê-lo, sem risco pessoal, responderá pelo crime de omissão de socorro. Não basta que a vítima esteja ferida, é necessário que ela esteja desamparada, sem possibilidade de afastar o perigo mediante as próprias forças. Apesar da lei mencionar o grave e iminente perigo, ou seja, algo que está para acontecer, não se faz necessário que trate de um ferimento grave.

No último caso, a lei refere-se à pessoa em grave e iminente perigo, não se fazendo necessário que a vítima esteja ferida, ou até mesmo que seja inválida a vítima. Assim sendo "a melhor interpretação do art. 135 do CP é aquela que indica qualquer pessoa em grave e iminente perigo como sujeito passivo de omissão de socorro, não se exigindo que seja inválida ou esteja ferida".[12]

Ainda assim é considerado crime a omissão de socorro à vítima que se recusa em ser socorrida pois os tribunais já decidiram ser inadmissível o abandono de pessoa gravemente ferida deixando-a à sua própria sorte, mesmo com a recusa da vítima em receber algum tipo de tratamento, já que desta forma a pessoa deveria levar o fato a conhecimento da autoridade pública para que esta tomasse as devidas providências.

4 TIPO OBJETIVO

A assistência da qual o art. 135 do CP fala divide-se em duas condutas omissivas, sendo elas imediata e mediata.

A primeira conduta omissiva é a assistência imediata, que subsiste no dever de prestar de forma imediata o socorro à vítima. O sujeito tem o dever de prestar assistência, desde que seja possível praticá-la sem que apresente a ele perigo pessoal, a criança abandonada ou extraviada, ou a pessoa inválida ou ferida, ao desamparo ou em grave e iminente perigo.

---

12 JESUS, Damásio E. de. **Direito Penal**. 27ª ed. ver. e atual. São Paulo: Saraiva, 2005. v. 2, p. 181.

O socorro deve ser imediato, pois a demora implica o descumprimento do dever imposto pela legislação.

Mirabete diz que: "não se escusa aquele que se afasta do local, sob a alegação de ter tido a vítima morte instantânea, pois essa circunstância só será passível de constatação depois de exame necroscópico".[13]

Na segunda conduta omissiva, é imposto à pessoa o dever de pedir, naquelas hipóteses, o socorro da autoridade pública. Não se trata de uma faculdade de escolher entre uma ou outra conduta. Isso dependerá das circunstâncias em que envolve o caso concreto. Assim ensina Noronha, "O comportamento do agente é ditado pelas circunstancias. Há casos em que o pedido de socorro à autoridade é absolutamente inócuo e, em tal hipótese, se ele podia prestar assistência, cometerá o crime, não obstante o apelo de socorro."[14]

A lei não exige que, a fim de auxiliar a vítima, o sujeito arrisque sua integridade física ou até mesmo sua vida. Neste sentido Mirabete[15] define que "limita-se à lei a excluir o dever de assistência quando se tratar de risco pessoal. Persiste o dever de agir no caso de risco a outro bem jurídico (patrimonial, moral etc.)."

5 TIPO SUBJETIVO

O tipo subjetivo do crime de omissão de socorro é o dolo, definindo Mirabete assim como:

> *na vontade de não prestar assistência, podendo fazê-lo sem risco pessoal, ou na impossibilidade desta, de não pedir auxílio. É necessário porém, que o sujeito tenha consciência do perigo. Não existindo essa cons-*

---

13 MIRABETE, Julio Fabbrini. **Manual de Direito Penal**. 23ª ed. São Paulo: Atlas, 2005. v. 2, p. 139.

14 NORONHA, E. Magalhães. **Direito Penal**. 26ª ed São Paulo: Saraiva, 1994. v. 2., p. 95.

15 MIRABETE, Julio Fabbrini. **Manual de Direito Penal**. 23ª ed. São Paulo: Atlas, 2005. v. 2, p. 139.

ciência, não se pode falar em dolo, direto ou eventual. Não configura o crime a omissão decorrente de um erro de diagnóstico.[16]

Não é admitida neste caso a forma culposa do crime.

6 QUALIFICAÇÃO DOUTRINÁRIA

O crime de omissão de socorro é delito omissivo próprio, ou seja, se caracteriza simplesmente pelo comportamento negativo, onde a pessoa deixa de prestar socorro à vítima ou de pedir auxílio à autoridade pública, essa autoridade pública é aquela que deve cuidar do fato ou pode fazê-lo, devendo ser avisados a Delegacia de Policia, o Pronto-socorro, o corpo de bombeiros, etc. O tipo penal se satisfaz simplesmente com a conduta omissiva.

Configura-se como um crime de perigo. Perigo este presumindo nos casos de criança extraviada, abandonada e de pessoa inválida ou ferida e ao desamparo e perigo concreto nos casos de pessoas em grave e iminente perigo.

Pode se dizer que o crime de omissão de socorro é um delito subsidiário, pois em certas circunstâncias ele pode caracterizar uma qualificadora de outro crime, caso este em que a omissão de socorro é absorvida passando a ser tratada como uma qualificadora do crime principal.

Finalmente pode ser considerado como um crime instantâneo, em que a consumação do crime ocorre no momento em que a vítima sofre o perigo, sendo este presumido ou concreto. Em certas hipóteses, pode se dizer que se trata de um crime eventualmente permanente, quando o perigo dure por um período juridicamente relevante.

---

16 MIRABETE, Julio Fabbrini. **Manual de Direito Penal**. 23ª ed. São Paulo: Atlas, 2005. v. 2, p. 140.

7 CONSUMAÇÃO

Conforme previamente exposto, o crime é omissivo e consuma-se o crime no momento em que ocorre a omissão perante o perigo concreto ou presumido, de acordo com o caso, ou seja, que "no instante em que, presentes os seus pressupostos, o sujeito omite a prestação de socorro".[17]

O crime é instantâneo e não permanente, pois mesmo que a omissão demore um certo tempo para ocorrer, se o sujeito puder interrompê-la com eficácia, sem prejuízo à vítima, ocorrerá apenas uma demora ou atraso irrelevante juridicamente. Porém, Mirabete atenta que para Euclides C. da Silveira e J. B. Gonzaga o delito pode ser:

> *eventualmente permanente, como nos seguintes exemplos: a) a mãe deixa de alimentar o filho, até matá-lo de inanição, sem que a empregada, que vive na mesma casa, tome as providências cabíveis; b) habitando num único quarto duas pessoas, uma delas contrai gravíssima enfermidade, que a prende ao leito durante dias seguidos, enquanto o seu companheiro a deixa desamparada, sem se dar ao trabalho de lhe prestar o menor auxílio; c) o caçador, em plena floresta, ouve durante a noite toda a criança chorar, à porta de sua cabana, enquanto ele se mantém impassivelmente deitado.*[18]

8 TENTATIVA

Não é possível a tentativa no crime de omissão de socorro.

O crime em tela é omissivo, pois o agente viola norma que impõe o dever legal de socorrer ou, na impossibilidade de fazê-lo, que se peça

---

17 SILVEIRA, Euclides C. da. **Crimes contra a Pessoa**. 2ª ed. São Paulo: RT, 1973, p. 193.

18 MIRABETE, Julio Fabbrini. **Manual de Direito Penal**. 23ª ed. São Paulo: Atlas, 2005. v. 2, p. 140.

socorro para a vítima, visto que ou o sujeito não presta a assistência, ocorrendo-se a consumação do crime, ou presta o socorro à vítima, forma em que não existe o crime. O simples fato de deixar de prestar a assistência à vítima já caracteriza o crime em questão.

> *Tudo quanto anteceder o período de tempo dentro do qual é obrigatório o* facere *será penalmente irrelevante. E a criminosa inércia mantida durante o seu transcorrer é uma e indivisível, não galgando etapas que possam constituir um* iter.[19]

9 CONCURSO DE AGENTES

O crime possui caráter omissivo e isso não impede a possibilidade de coautoria no crime. Assim define Damásio E. de Jesus:

> *Se várias pessoas negam assistência, todas respondem pelo crime. E se são várias e uma apenas assiste a vítima, não o fazendo as outras, não há delito. Como se trata de obrigação penal solidária, o cumprimento do dever por uma delas desobriga as outras. Em face disso, não há falar-se em omissão de socorro. Se, entretanto, a assistência de uma for insuficiente, as outras responderão pelo delito.*[20]

---

19 GONZAGA, João Bernardino. **O Crime de Omissão de Socorro**. São Paulo: Max Limonad, 1957, p. 187.

20 JESUS, Damásio E. de. **Direito Penal**. 27ª ed. ver. e atual. São Paulo: Saraiva, 2005. v. 2, p. 180.

10 CONCURSO DE DELITOS

Ocorrendo situação de perigo ou dano causada pelo próprio agente, sendo esta de forma dolosa ou culposa, não há o que se dizer a respeito de concurso de crimes.

> *Ferindo-se uma pessoa e deixando-a ao desamparo e sobrevindo a morte, o agente responderá somente por lesão corporal. Estando presente o propósito de matar, o crime a se imputar é o de homicídio consumado ou tentado*[21].

Celso Delmanto assim diz: "Concurso de crimes. Não há quando a situação foi dolosamente provocada pelo agente; se culposamente provocada, a figura será a do art. 121, § 4º, ou 129, § 7º, do CP, sem concurso com as penas deste art. 135".[22]

11 FORMAS QUALIFICADAS

O parágrafo único do artigo 135 do CP descreve as formas qualificadas do delito de omissão de socorro, são estes os casos descritos: se da omissão resulta lesão corporal de natureza grave, a pena é aumentada de metade; se resulta morte, a sanção penal é triplicada.

O que ocorre na verdade é que não são resultados da omissão a lesão ou a morte, na verdade, o que é preciso para configurar o crime na forma qualificada é a comprovação de que se o sujeito ativo atuasse, esses resultados poderiam ser evitados. Neste sentido, não é necessário a prova do nexo causal existente entre a morte ou a lesão grave e a conduta do agente,

---

21 PÉRIAS, Osmar Rentz. **Omissão de Socorro**. São Paulo: CL EDIJUR, 2001, p. 39.

22 DELMANTO, Celso. **Código Penal Comentado**. 3ª ed. Rio de Janeiro: Ed. Renovar, 1991, p. 232.

fazendo-se necessário apenas a existência da possibilidade de que se houvesse a atuação deste, o evento poderia ser evitado.

Vale ressaltar que o crime de omissão de socorro se caracteriza não somente pelo fato do agente que deixa de prestar o socorro para evitar o ato lesivo, mas também quando não utiliza todos os meios disponíveis para prestar socorro à vítima.

A jurisprudência afasta a qualificadora nos casos em que a morte da vítima não ocorreu pela falta de assistência imediata, mas sim por consequência das próprias lesões por ela sofridas.

É necessário lembrar também que "as formas qualificadas do crime de omissão de socorro independem da quantidade de lesões graves ou mortes".[23]

---

[23] MIRABETE, Julio Fabbrini. **Manual de Direito Penal**. 23ª ed. São Paulo: Atlas, 2005. v. 2, p. 141.

Capítulo IV

OMISSÃO DE SOCORRO NO CÓDIGO DE TRÂNSITO BRASILEIRO

1 OS CRIMES DE TRÂNSITO E A DOGMÁTICA PENAL

1.1 Objetividade jurídica e material dos crimes em geral

A doutrina penal predominante acredita que o objeto jurídico do crime é o bem-interesse protegido pela norma, sendo bem tudo aquilo que satisfaça as necessidades humanas, podendo estas ser de conteúdo material ou imaterial e interesse a relação existente entre o sujeito e o bem. Para Damásio[24] "modernamente entende-se que, na realidade, objeto (ou bem) jurídico é a relação de disponibilidade entre o sujeito e a coisa".

---

24 JESUS, Damásio E. de. **Crimes de Trânsito**. 4ª ed. São Paulo: Saraiva, 2000, p. 10.

Objeto material é aquilo contra o qual a conduta delituosa se dirige, ou seja, pessoa ou coisa.

1.2 A DOGMÁTICA PENAL EM FACE DOS NOVOS OBJETOS JURÍDICOS

Com o surgimento do *Wellfare State* (Estado Social) após o término da Segunda Grande Guerra, a moderna realidade social determinada pela economia de mercado impusera ao Estado o dever de planificar e dirigir em amplas dimensões. "Em uma palavra, de atuar como uma força conformadora, estabilizadora, no meio de um mundo de crescente vulnerabilidade".[25]

Com isso, ocorre o surgimento de novos interesses jurídicos ligados à economia, à saúde, à segurança, etc. A partir de então, com o progresso da sociedade em todos os setores, surgem novos interesses jurídicos de difícil apreciação e determinação, como, por exemplo, a segurança do trânsito.

1.3 A SEGURANÇA NAS RELAÇÕES DE TRÂNSITO COMO INTERESSE PÚBLICO

O artigo 5º, *caput*, da nossa Constituição Federal, tutela a segurança dos cidadãos, incluindo a tutela de incolumidade pública no trânsito. O mesmo ocorre com o Código de Trânsito Brasileiro, instituído pela Lei nº 9.503/97.

Neste sentido, Damásio assim define:

> *Este visa ao interesse estatal no normal funcionamento do sistema no que diz respeito à observância dos direitos dos cidadãos nas relações do tráfego de veículos, garantindo-lhes a segurança, e, com isso, estabelecendo um liame entre trânsito e cidadania.*[26]

---

25 FORSTHOFF. **O Estado Moderno**. Barcelona: Editorial Minerva, 1987, p. 23.

26 JESUS, Damásio E. de. **Crimes de Trânsito**. 4ª ed. São Paulo: Saraiva, 2000, p. 12.

Pode-se entender desta forma pois o interesse não está vinculado apenas a uma pessoa, mas à sociedade, sendo necessário ser considerado como interesse público, de modo a ter a sociedade como titular do direito.

Como ensina Hugo Nigro Mazzilli[27] interesse público é o "bem geral, ou seja, o interesse geral da coletividade como um todo".

1.4 Objetividade jurídica principal e secundária dos delitos de trânsito

Na maioria dos crimes tradicionais, o objeto jurídico pertence ao homem, à pessoa jurídica, ou ao Estado. Diferentemente, nos crimes de trânsito, o objeto jurídico principal pertence à coletividade, porém, nada impede que se reconheça uma objetividade jurídica secundária, visto que a norma protege de forma indireta interesses individuais.

Na verdade, mesmo tendo os crimes descritos no Código de Trânsito como objeto jurídico principal à segurança do trânsito, é possível notar uma superposição de interesses jurídicos, contudo estes aparecem como interesse secundário. Porém, isso não significa que exista uma maior relevância à segurança do trânsito, pois protegendo-se o interesse coletivo, da mesma forma estarão sendo protegidos os bens individuais.

1.5 Qualificação típica dos delitos de trânsito

Os crimes definidos no Código de Trânsito Brasileiro estão elencados nos artigos 302 a 312. Eles podem ser classificados em: crimes materiais (homicídio culposo e lesão corporal culposa – arts. 302 e 303); crimes formais (fuga do local do acidente e fraude processual – arts. 305 e 312); e crimes de mera conduta e de lesão (direção sem habilitação, velocidade incompatível em determinados locais, embriaguez ao volante, "racha" ou "pega", omissão de socorro, entrega de direção de veículo à pessoa inabili-

---

27 MAZZILLI, Hugo Nigro. **A Defesa dos Interesses Difusos em Juízo**. 9ª ed. São Paulo: Saraiva, 1997, p. 3

tada, doente etc. e desobediência à decisão sobre suspensão ou proibição de habilitação – arts. 306, 304, 308, 310 e 307).

Para efeitos didáticos, podemos classificá-los também em crimes próprios e crimes impróprios.

Damásio define os delitos:

> *Delitos próprios de trânsito são aqueles que só podem ser cometidos na circulação de veículos: "racha", embriaguez ao volante, direção sem habilitação, velocidade incompatível em locais determinados e entrega da direção de veículo a certas pessoas. Os outros são impróprios delitos de trânsito, uma vez que também podem ser praticados fora da circulação de veículos.*[28]

2 DO CRIME DE OMISSÃO DE SOCORRO EM ESPÉCIE NO CÓDIGO DE TRÂNSITO BRASILEIRO

Assim é definido o crime de omissão de socorro no Código de Trânsito Brasileiro em seu artigo 304:

> *Deixar o condutor do veículo, na ocasião do acidente, de prestar imediato socorro à vítima, ou, não podendo fazê-lo diretamente, por justa causa, deixar de solicitar auxílio da autoridade pública.*

3 COMPORTAMENTO DO MOTORISTA EM CASO DE ACIDENTE SEGUNDO A CONVENÇÃO DE VIENA

O crime de omissão de socorro no Código de Trânsito Brasileiro tem suas bases fundadas no que a Convenção de Viena de 1968 propôs acerca do tema.

---

[28] JESUS, Damásio E. de. **Crimes de Trânsito**. 4ª ed. São Paulo: Saraiva, 2000, p. 17.

Assim foi definido a respeito do comportamento do motorista no artigo 31, n° 1, letra "d":

> *Todo condutor ou qualquer outro usuário da via, implicado num acidente de trânsito, deverá, se houver resultado ferida ou morta alguma pessoa no acidente, advertir a Polícia e permanecer ou voltar ao local do acidente até a chegada desta, a menos que tenha sido autorizado por esta a abandonar o local ou que deve prestar auxílio aos feridos ou ser ele próprio socorrido.*[29]

4 OBJETIVIDADE JURÍDICA

Tem como objetividade jurídica proteger a vida e a saúde das pessoas, criando uma obrigação jurídica ao condutor do veículo envolvido no acidente, a fim de que imediatamente providencie socorro à vítima através do seu encaminhamento ao hospital ou pronto-socorro a fim de que possa minimizar as consequências do evento.

5 SUJEITO ATIVO E SUJEITO PASSIVO

O sujeito ativo do crime em questão necessariamente deve ser o condutor do veículo envolvido em acidente com vítima que deixa de prestar socorro a ela ou de solicitar auxílio à autoridade. Sendo assim, todos os motoristas de outros veículos que não se envolveram no acidente, ou pessoas que não conduziam veículos automotores, mas que deixam de prestar socorro à vítima, incidem no crime de omissão de socorro, mas no crime descrito pelo Código Penal, e não no descrito pelo Código de Trânsito Brasileiro.

O sujeito passivo do crime de omissão de socorro segundo o Código de Trânsito Brasileiro é a vítima do acidente que necessariamente necessita de socorro médico.

---

[29] JESUS, Damásio E. de. **Crimes de Trânsito**. 4ª ed. São Paulo: Saraiva, 2000, p. 137.

6 TIPO OBJETIVO

Por tratar-se de crime omissivo puro, a lei define duas condutas típicas para o crime.

Configura-se a primeira conduta nos casos em que o agente deixa de prestar socorro à vítima quando teria a obrigação de fazê-lo, desde que isso não venha causar risco à sua própria integridade física. O socorro deve ser prestado de forma imediata, pois a demora implica descumprimento do que é imposto pela lei.

A segunda conduta incriminadora ocorre quando o agente deixa de solicitar auxílio à autoridade pública. Porém, a lei não confere ao agente condutor do veículo a faculdade de escolher entre uma conduta ou outra, havendo possibilidade de prestar socorro à vítima, ainda que ele solicite auxílio à autoridade pública, haverá o crime se este deixar de prestar o socorro.

Porém, existem hipóteses em que não é possível nem a prestação de socorro à vítima, nem a solicitação de auxílio da autoridade pública. Para Capez, nos casos em que:

> *o condutor também se encontrava lesionado ou desorientado em face do acidente; não havia condições materiais para o socorro (veículos quebrados, em local afastado); havia risco de agressão por populares etc. Nesses casos não haverá crime.*[30]

7 CONSUMAÇÃO E TENTATIVA

A consumação ocorre no momento em que o condutor se omite diante da necessidade de prestação de socorro à vítima. Diferentemente do que determina o Código Penal, no crime de omissão de socorro do

---

30 CAPEZ, Fernando. **Aspectos Criminais do Código de Trânsito Brasileiro**. 2ª ed. São Paulo: Saraiva, 1999, p. 37.

Código de Trânsito Brasileiro, não há uma previsão legal de aumento de pena quando, em face da omissão, a vítima sofre lesões graves ou até mesmo vem a falecer.

Por se tratar de crime omissivo próprio, conforme visto anteriormente no crime de omissão de socorro no Código Penal, não é admitido o crime na modalidade tentada.

8 INTERPRETAÇÃO DO PARÁGRAFO ÚNICO DO ART. 304 DO CTB

O parágrafo único do artigo 304 do Código de Trânsito Brasileiro diz que:

> *Incide nas penas previstas neste artigo o condutor do veículo, ainda que a sua omissão seja suprida por terceiros ou que se trate de vítima com morte instantânea ou com ferimentos leves.*

O dispositivo deve ser interpretado diante de três situações diferentes: primeiramente no caso de socorro praticado por terceiro, no caso de morte instantânea da vítima e finalmente no caso de a vítima ter sofrido apenas lesões de natureza leve.

Nos casos em que a vítima é socorrida por terceiros, somente ocorrerá o crime se quando da prestação do socorro o condutor do veículo não toma conhecimento do fato por ter se evadido do local do acidente. Portanto, se, após o acidente, o condutor se afasta do local e sem o seu conhecimento a vítima recebe socorro de terceiros, configura-se o crime. Porém, não há crime quando, logo após o acidente, terceiros prestam socorro à vítima antes mesmo do condutor, pois "não se pode exigir que o condutor chame para si a responsabilidade pelo socorro, quando terceiro já o fez (muitas vezes até em condições mais apropriadas)".[31]

---

31 CAPEZ, Fernando. **Aspectos Criminais do Código de Trânsito Brasileiro**. 2ª ed. São Paulo: Saraiva, 1999, p. 38.

Ocorrendo morte instantânea da vítima, Fernando Capez assim define o caso:

> *No caso de vítima com morte instantânea, o dispositivo não é aplicado, uma vez que o delito não tem objeto jurídico, já que o socorro seria absolutamente inócuo. Temos aqui a previsão de um crime impossível por absoluta impropriedade do objeto, que o torna inaplicável.*[32]

Quando a vítima sofre apenas lesões de natureza leve, somente será aplicado tal dispositivo se a vítima necessita de algum socorro médico, não sendo necessário o socorro se a vítima sofreu apenas escoriações.

9 CONDUTOR DE VEÍCULO QUE NÃO SEJA AUTOMOTOR

O condutor de veículo que não seja automotor responde por omissão de socorro comum nos termos do artigo 135 do Código Penal, mesmo o artigo 304 do Código de Trânsito Brasileiro não fazendo menção para o crime de omissão de socorro o condutor "de veículo automotor" e sim o de "veículo". Entretanto, as duas normas anteriores dispostas nos artigos 302 e 303 mencionam o termo "na direção de veículo automotor" e o Código de Trânsito dispõe como sendo aplicáveis a ele os crimes cometidos na "direção de veículo automotor". Ocorre é que houve uma má redação do artigo, mas mesmo diante dessa omissão, é entendimento majoritário que o artigo 304 do Código de Trânsito pretende que o crime seja aplicado ao condutor de veículo automotor.

---

[32] CAPEZ, Fernando. **Aspectos Criminais do Código de Trânsito Brasileiro**. 2ª ed. São Paulo: Saraiva, 1999, p. 38.

10 CONDUTOR QUE SE ENVOLVE EM ACIDENTE DE TRÂNSITO SEM CULPA E NÃO PRESTA SOCORRO

Quanto ao condutor de veículo automotor que se envolve em acidente de trânsito sem culpa e não presta socorro à vítima, vindo ela a falecer por falta de socorro, existem três posicionamentos diferentes para configurar o crime praticado por ele.

O primeiro acredita que o motorista deverá responder por omissão de socorro especial disposto no artigo 304 do CTB em concurso formal com homicídio culposo comum do artigo 121, § 3º do Código Penal. Já o segundo entendimento define o delito praticado pelo condutor como homicídio culposo comum agravado pela omissão de socorro disposta no artigo 121, § 4º do Código Penal. Um terceiro entendimento dita que o condutor do veículo que se envolve em acidente sem culpa comete somente homicídio culposo comum, absorvida a omissão de socorro.

Na opinião de Damásio E. de Jesus, o condutor:

> não pode ser acusado de ter cometido homicídio culposo no trânsito (art. 302 do CT), uma vez que não deu causa material e culposa à morte "na direção de veículo automotor". Subsiste o homicídio culposo comum (CP, art. 121, § 3º). Mas não pode ser agravado pela omissão de socorro (CP, art. 121, § 4º), tendo em vista que essa modalidade há duas condutas: a do crime de homicídio e da omissão de socorro. No caso, há um só comportamento (omissão de socorro). Pela mesma razão, não pode subsistir a omissão de assistência como delito autônomo, ficando absorvida.[33]

---

[33] JESUS, Damásio E. de. **Crimes de Trânsito**. 4ª ed. São Paulo: Saraiva, 2000, p. 143.

11 DESPREZO DE VÍTIMA FERIDA EM ESTRADA

Não configura omissão de socorro definido pelo artigo 304 do Código de Trânsito Brasileiro o condutor de veículo que, trafegando por estrada, passando pelo local, não presta socorro e nem leva o fato ao conhecimento da autoridade pública. Nesse caso, o condutor comete o crime de omissão de socorro comum, disposto no artigo 135 do Código Penal.

Capítulo V

OMISSÃO DE SOCORRO MÉDICO

O crime de omissão de socorro caracteriza-se por ser um crime comum a todos, não propriamente do médico como vimos anteriormente, porém, neste capítulo será dado enfoque à posição do profissional médico no crime tratado em questão.

O núcleo do tipo repousa no dever de solidariedade humana, porém trata-se muito mais do que simples preceito moral, mas de uma ordem legal, de um dever ético profissional.

O Novo Código de Ética Médica, em seu capítulo III, sobre a responsabilidade profissional, diz que é vedado ao médico em seu artigo 7:

> *Art. 7. Deixar de atender em setores de urgência e emergência, quando for de sua obrigação fazê-lo, colocando em risco a vida de pacientes, mesmo respaldado por decisão majoritária da categoria.*

No mesmo sentido, no capítulo V do Novo Código de Ética Médica, em seu artigo 33, é vedado também ao médico:

> **Art. 33.** *Deixar de atender paciente que procure seus cuidados profissionais em caso de urgência, quando não haja outro médico ou serviço médico em condições de fazê-lo.*

Portanto, é evidente que o dever de prestação de socorro em relação ao médico não deriva tão somente de um dever de cidadão, onde neste deve estar presente a solidariedade humana, mas de um dever ético profissional estipulado pelos princípios éticos de sua profissão.

A respeito da situação dos médicos, Fragoso dita que:

> *Particularmente significativa é, a este propósito, a situação dos médicos, que exercem profissão que por si só impõe especiais deveres de assistência.*[34]

Ocorrem as dificuldades de prestar assistência quando as necessidades ultrapassam todas as possibilidades materiais de atendimento, como em acidentes envolvendo diversas vítimas ao mesmo tempo ou até mesmo em casos de epidemia.

Há casos em que não há como o médico prestar socorro ao ferido ou doente grave, nestes casos deverá encaminhar de pronto a outro médico (desde que possível no caso), ou solicitar ajuda de forma imediata a quem possa atendê-lo em seu lugar.

Nos casos em que é absolutamente impossível a prestação da assistência, Jurandir Sebastião expõe que:

> *O médico não será apenado, diante da não configuração do delito tipo (omissão consciente), não obstante*

---

[34] FRAGOSO, Heleno. **Comentários ao Código Penal: decreto-lei nº 2.848, de 7 de dezembro de 1940.** 5ª ed. Rio de Janeiro: Forense, 1980. v. 6, p. 576 a 579.

a natureza jurídico-penal desse crime ser de omissivo puro, simples omissão.[35]

É possível configurar o crime de omissão de socorro médico também a distância, onde o médico é chamado para prestar atendimento a ferido em sua residência ou ao paciente internado e deixa de fazê-lo, pelo não comparecimento a tempo e sem motivo que possa ser justificado. É possível também que os funcionários da área médica cumprindo ordem hierárquica deixem de prestar socorro, ciente do estado grave de saúde e risco de morte da vítima, configurando neste caso também o crime de omissão de socorro.

Pode ocorrer ainda a injustificável recusa da vítima em receber a assistência médica, não obstante ter sido conduzida ao hospital. Havendo gravidade e a vítima relutar em receber os cuidados médicos, deverá o médico tentar convencer a vítima e alertá-la para a necessidade de submeter-se ao tratamento médico necessário. Se a vítima continuar a recusar o socorro médico, deve este ou o hospital comunicar o fato à autoridade pública competente a fim de evitar denúncia de omissão de socorro.

Existem casos ainda em que a recusa do tratamento médico é derivada de crenças e religiões. O caso mais conhecido envolve médicos e religiosos denominados como "Testemunhas de Jeová", segundo as quais, de acordo com a interpretação dos textos bíblicos, consideram o sangue de outrem impuro, contaminado moralmente e, portanto, são totalmente avessos a transfusões de sangue mesmo em casos em que a vítima indiscutivelmente necessita de tal intervenção médica. Pelos preceitos bíblicos que seguem a sua religião, os seguidores não podem ingerir sangue oralmente e nem mesmo por via intravenosa, pois para eles significa a mesma coisa, devendo apelar para tratamentos alternativos de substituição sanguínea caso haja necessidade, como "solução salina, solução de

---

35 SEBASTIÃO, Jurandir. **Responsabilidade Médica: civil, criminal e ética – comentários, referências ao direito positivo aplicável, à doutrina e à jurisprudência**. 3ª ed. Belo Horizonte: Del Rey, 2003, p. 226.

Ringer e o dextrano, que consistem em expansores do volume de plasma utilizados nos hospitais mais modernos".[36]

A problemática ocorre quando o médico no exercício legal de suas funções médicas atua no sentido de salvar a vida da vítima utilizando-se da transfusão de sangue e é compelido pelo paciente. Difícil a situação por parte do profissional da saúde, pois, se intervém no corpo do paciente contra sua vontade, poderá sofrer sanções criminais e cíveis, mas, por outro lado, estando o paciente em iminente risco de morte, a lei permite a ele o direito de intervir de forma arbitrária.

Neste sentido, recomenda o Conselho Regional de Medicina do Paraná aos seus afiliados:

> *Assim como a medicina é uma ciência especial, as Testemunhas de Jeová são, a esse respeito, criaturas especiais e devem ter suas convicções e vontades respeitadas. Deve o médico, pois, frente a elas, considerar cuidadosamente os seus próprios critérios morais e os dos pacientes, sempre que estes invoquem o princípio da autonomia, segundo o qual, todo ser humano é responsável absoluto pelas suas ações. Jamais a situação deve ser levada em nível de confronto e, tanto quanto possível, é desejável que se procure utilizar um procedimento ou técnica alternativa...E é verdade que, a cada dia, se utiliza menos, em todo mundo, transfusão de sangue total. São produzidos substitutivos do plasma...fatores de estimulação da medula óssea, tais a eritropoietina e a leucopoietina... Se pode esperar especialmente que seja mínimo o número de casos envolvendo situações de conflito entre médicos e pacientes que recusem o uso de sangue.*

---

[36] PÉRIAS, Osmar Rentz. **Omissão de Socorro**. Ed. 2001. São Paulo-SP: CL EDI-JUR, 2001, p. 49.

Porém, este entendimento não é matéria consolidada para o direito penal, existem alguns doutos juristas que divergem desta teoria, sendo que entendem até mesmo de forma contrária do que orienta o Conselho Regional de Medicina do Paraná.

Para o ilustríssimo professor Carlos Hernani Constantino, diante de tal situação o médico deverá:

> *Se o paciente se recusar a receber a transfusão de sangue, o médico deve aplicar-lhe um sedativo e ministrar-lhe o referido tratamento, mesmo contra sua vontade; se o paciente estiver inconsciente ou tratar-se de uma criança e seus parentes ou representantes legais disserem que não desejam que se faça transfusão de sangue, o médico deve fazê-la, mesmo contra a vontade deles; se o paciente estiver inconsciente e desacompanhado, encontrando-se com ele uma carteira de identificação de membro da seita, em que se solicite a não transfusão de sangue, o médico deve ir contra a presumível vontade do paciente.*[37]

Ou seja, diante da situação explanada, o médico deverá agir mesmo contra a vontade da vítima ou de seus parentes e não se omitir, sendo assim estará acobertado pelo Direito Penal.

Deve salientar que, não havendo iminente perigo de vida ou saúde para a pessoa, o médico deverá respeitar a crença religiosa do paciente.

---

37 CONSTANTINO, Carlos Ernani. Transfusão de Sangue e Omissão de Socorro. **Revista Jurídica** nº 246, abril, 1998.

Capítulo VI

A OMISSÃO DE SOCORRO TRATADA NA LEGISLAÇÃO ESTRANGEIRA

O crime de omissão de socorro é tratado também por diversas legislações ao redor do mundo. Dentre elas, podemos citar os Códigos Penais da Argentina, Bolívia, Colômbia, Espanha, França, Itália e Portugal.

Vejamos a seguir o crime ora tratado nas referidas legislações:

1 CÓDIGO PENAL ARGENTINO

> *Art. 108. Será reprimido con multa de cincuenta a doce mil quinientos pesos, el que encontrando perdido o desamparado a un menor de diez años o a una persona herida o inválida o amenazada de un peligro cualquiera, omitiere prestarle el auxilio necesario, cuando pudiere*

hacerlo sin riesgo personal o no diere aviso inmediata-
mente a la autoridad.

O referido artigo do Código Penal Argentino pune aquele que deixar de prestar auxílio necessário ao desamparado, ao menor de dez anos,
a pessoa ferida, ao inválido ou em perigo quando este puder fazê-lo sem
risco a ele mesmo ou deixar de avisar imediatamente a autoridade.

2 CÓDIGO PENAL BOLIVIANO

Art. 281. (Denegación de auxilio). El que debiendo
prestar asistencia, sin riesgo personal, a un menor de
doce años o a una persona incapaz, desvalida o en des-
amparo o expuesta a peligro grave e inminente, omitiere
prestar el auxilio necesario o no demandare el concurso
o socorro de la autoridad pública o de otras personas,
será sancionado con reclusión de un mes a un año.

O Código Penal Boliviano pune aquele que deveria prestar assistência sem que traga a ele risco pessoal ao menor de doze anos, ao incapaz,
aquele em perigo ou exposto ao perigo grave e iminente, e deixa de prestar o auxílio necessário ou deixa de solicitar socorro à autoridade pública
ou de outras pessoas.

3 CÓDIGO PENAL COLOMBIANO

Art. 131. Omisión de socorro. El que omitiere, sin
justa causa, auxiliar a una persona cuya vida o salud
se encontrare en grave peligro, incurrirá en prisión de
dos (2) a cuatro (4) años.

Disposto no título *"De la omisión de socorro"*, o crime de omissão de socorro no Código Penal Colombiano pune aquele que omitir, sem justa causa, auxílio à pessoa cuja vida ou saúde encontra-se em grave perigo.

4 CÓDIGO PENAL ESPANHOL

> *Art. 195*
>
> *1. El que no socorriere a una persona que se halle desamparada y en peligro manifiesto y grave, cuando pudiere hacerlo sin riesgo propio ni de terceros, será castigado con la pena de multa de tres a doce meses.*
>
> *2. En las mismas penas incurrirá el que, impedido de prestar socorro, no demande con urgencia auxilio ajeno.*
>
> *3. Si la víctima lo fuere por accidente ocasionado fortuitamente por el que omitió el auxilio, la pena será de prisión de seis meses a un año y multa de seis a doce meses, y si el accidente se debiere a imprudencia, la de prisión de seis meses a dos años y multa de seis a veinticuatro meses.*

O artigo 195 do Código Penal Espanhol encontra-se no título *"De la omisión del deber de socorro"*. Referido artigo pune aquele que não socorrer uma pessoa que se encontre desamparada e em grave e manifesto perigo, quando puder fazê-lo sem risco próprio e a terceiros. Este ainda pune da mesma forma aquele que, impossibilitado de prestar o socorro, não procura ajuda urgente de outras pessoas.

5 CÓDIGO PENAL FRANCÊS

> *Art. 223-6*
>
> *Quiconque pouvant empêcher par son action immédiate, sans risque pour lui ou pour les tiers, soit un crime, soit un délit contre l'intégrité corporelle de la personne*

s'abstient volontairement de le faire est puni de cinq ans d'emprisonnement et de 500 000 F d'amende.

Sera puni des mêmes peines quiconque s'abstient volontairement de porter à un personne en péril l'assistance que, sans risque pour lui ou pour les tiers, il pouvait lui prêter soit par son action personnelle, soit en provoquant un secours.

Referido artigo do Código Penal Francês pune todo aquele que pode impedir pela sua ação imediata, sem risco a si próprio ou a terceiros, quer um crime, quer um delito contra a integridade física de uma pessoa, e deixa de fazê-lo. Este pune da mesma forma aquele que deixa de levar à uma pessoa em perigo assistência, sem risco a si próprio ou a terceiros.

6 CÓDIGO PENAL ITALIANO

Art. 593

Chiunque, trovando abbandonato o smarrito un fanciullo minore degli anni dieci, o un'altra persona incapace di provvedere a se stessa, per malattia di mente e di corpo, per vecchiaia o per altra causa, omette di darne immediato avviso all'Autorità, è punito con la reclusione fino a tre mesi o con la multa fino a lire seicentomila.

Alla stessa pena soggiace chi, trovando un corpo umano che sia o sembri inanimato, ovvero una persona ferita o altrimenti in pericolo, omette di prestare l'assistenza occorrente o di darne immediato avviso all'Autorità.

Se da siffatta condotta del colpevole deriva una lesione personale, la pena è aumentata; se ne deriva la morte, la pena è raddoppiata.

O artigo 593 do Código Penal Italiano pune aquele que deixa de comunicar imediatamente à autoridade a existência de pessoa abandonada ou perdida, sendo esta criança menor de dez anos, pessoa incapaz devido à doença mental, outra doença do corpo ou por velhice. Segundo o mesmo artigo, será punido aquele que ao encontrar corpo humano que está ou aparenta estar desacordado, pessoa lesada ou de outra maneira em perigo, deixa de prestar assistência necessária ou avisar imediatamente à autoridade.

7 CÓDIGO PENAL PORTUGUÊS

> ### Art. 200
> *1. Quem, em caso de grave necessidade, nomeadamente provocada por desastre, acidente, calamidade pública ou situação de perigo comum, que ponha em perigo a vida, a integridade física ou a liberdade de outra pessoa, deixar de lhe prestar o auxílio necessário ao afastamento do perigo, seja por acção pessoal, seja promovendo o socorro, é punido com pena de prisão até 1 ano ou com pena de multa até 120 dias.*

O Código Penal Português em seu artigo 200 expõe acerca do crime de omissão de socorro de forma a punir aquele que, em caso de grave necessidade, deixa de prestar assistência necessária para afastar o perigo à vida, à integridade física e à liberdade de outra pessoa.

Nota-se que em todas as legislações está presente o dever de prestar auxílio àquele que encontrar-se necessitado.

Isso comprova a busca pelo aperfeiçoamento da solidariedade humana no Direito ao redor do mundo, não sendo apenas algo próprio do Direito Penal Brasileiro.

Capítulo VII

JURISPRUDÊNCIAS

HABEAS CORPUS – PROCESSUAL PENAL – CRIMES DE HOMICÍDIO CULPOSO, LESÃO CORPORAL, OMISSÃO DE SOCORRO E DE EMBRIAGUEZ NA CONDUÇÃO DE VEÍCULO AUTOMOTOR – PLEITO DE LIBERDADE PROVISÓRIA – INDEFERIMENTO FUNDAMENTADO APENAS NA GRAVIDADE ABSTRATA DO DELITO – IMPOSSIBILIDADE. – PRECEDENTES – EXCESSO DE PRAZO – QUESTÃO SUPERADA.

"HABEAS CORPUS" Nº 96.980 – PA
Quinta Turma do Superior Tribunal de Justiça
Relatora: Ministra Laurita Vaz
Paciente: Magayver Oliveira Ferreira Bezerra
Impetrante: Michell Mendes Durans da Silva
Coator: Tribunal de Justiça do Estado do Pará

EMENTA

HABEAS CORPUS. PROCESSUAL PENAL. CRIMES DE HOMICÍDIO CULPOSO, LESÃO CORPORAL, OMISSÃO DE SOCORRO E DE EMBRIAGUEZ NA CONDUÇÃO DE VEÍCULO AUTOMOTOR. PLEITO DE LIBERDADE PROVISÓRIA. INDEFERIMENTO FUNDAMENTADO APENAS NA GRAVIDADE ABSTRATA DO DELITO. IMPOSSIBILIDADE. PRECEDENTES. EXCESSO DE PRAZO. QUESTÃO SUPERADA.

1. A prisão cautelar, para ser mantida ou decretada, deve atender aos requisitos autorizativos previstos no art. 312 do Código de Processo Penal, os quais deverão ser demonstrados com o cotejo de elementos reais e concretos que indiquem a necessidade da segregação provisória.

2. Concedida a liberdade provisória, fica superada a alegação de excesso de prazo na instrução criminal.

3. Ordem concedida para conceder ao Paciente o benefício da liberdade provisória, mediante o comparecimento a todos os atos do processo a que for chamado e de não mudar de residência sem anterior comunicação, sob pena de revogação do benefício.

ACÓRDÃO

Vistos, relatados e discutidos estes autos, acordam os Ministros da QUINTA TURMA do Superior Tribunal de Justiça, na conformidade dos votos e das notas taquigráficas a seguir, por unanimidade, conceder a ordem, nos termos do voto da Sra. Ministra Relatora. Os Srs. Ministros Arnaldo Esteves Lima, Napoleão Nunes Maia Filho e Jorge Mussi votaram com a Sra. Ministra Relatora.

Ausente, justificadamente, o Sr. Ministro Felix Fischer.

Brasília (DF), 16 de setembro de 2008.

NAPOLEÃO NUNES MAIA FILHO, Presidente.

LAURITA VAZ, Relatora.

RELATÓRIO

EXMA. SRA. MINISTRA LAURITA VAZ:

Trata-se de *habeas corpus*, com pedido liminar, impetrado em favor de MAGAYVER OLIVEIRA FERREIRA BEZERRA contra decisão indeferitória de provimento urgente proferida pelo Desembargador-Relator do *writ* nº 2007.3.008388-5, em trâmite junto ao Tribunal de Justiça do Estado do Pará.

Consta dos autos que o Paciente foi denunciado como incurso nos arts. 121, c. c. o art. 18, inciso I (homicídio culposo), 129 (lesão corporal) e 70, todos do Código Penal, bem como pela prática dos delitos previstos nos arts. 304 e 306, da Lei nº 9.503/97, tendo sido preso em flagrante em 12/07/2007.

Inconformado com a custódia cautelar, formulou pedido de liberdade provisória junto ao juízo processante, tendo sido negado o benefício, o que motivou a impetração de *habeas corpus* na origem, cujo pedido de liminar foi indeferido, como já assinalado.

Nas presentes razões, alega o Impetrante, em suma, constrangimento ilegal tendo em vista o excesso de prazo para a formação da culpa, bem como a falta de fundamentação para a manutenção da custódia, diante da ausência dos requisitos do art. 312 do Código de Processo Penal. Aduz, ainda, que se trata de réu primário, de bons antecedentes, com profissão definida e residência fixa.

Requer, assim, liminarmente, a expedição de alvará de soltura em favor do Paciente e, no mérito, a concessão do benefício da liberdade provisória.

O pedido de liminar foi deferido nos termos da decisão de fls. 88/89.

Foram prestadas as informações à fl. 97, com a juntada de peças processuais pertinentes à instrução do feito.

O Ministério Público Federal manifestou-se às fls. 173/175, opinando pelo não conhecimento do *writ*.

É o relatório.

VOTO

EXMA. SRA. MINISTRA LAURITA VAZ:

Tendo em vista o julgamento final do *habeas corpus* originário, persistindo a flagrante ilegalidade, conheço da presente impetração.

Observa-se, na hipótese, que o juízo processante, no que foi referendado pelo Tribunal de origem, negou o benefício da liberdade provisória, de fato, com base apenas na gravidade abstrata dos delitos.

É o que se extrai dos seguintes excertos:

> [...] *Perquirindo os autos, verifico que o requerente não faz jus ao benefício pleiteado. Em que pesem os argumentos manejados pelo douto advogado do réu, o parecer ministerial está de acordo com a melhor técnica e no sentido finalístico de efetiva aplicação da lei penal, razão pela qual não deve ser concedida a liberdade pleiteada.*
>
> *Inobstante não realizar apreciação do mérito, há fortes indícios da prática do delito imputado ao denunciado. Outrossim, o réu confessou quando interrogado pela autoridade policial que vinha conduzindo irresponsavelmente na contramão, além de estar alcoolizado, o que denota sua periculosidade. É óbvio que o acusado tinha consciência do risco que representava naquele momento, mesmo assim, assumiu a responsabilidade de qualquer que fosse o resultado. Portanto, necessário se faz resguardar a ordem social de que novos crimes como estes tornem a acontecer e que a credibilidade da justiça seja mantida. (fls. 64/65)*

Como é sabido, o indeferimento do pleito de liberdade provisória deve ser concretamente fundamentado, com a exposição dos elementos reais e justificadores no sentido de que o réu solto irá perturbar a ordem pública, a instrução criminal ou a aplicação da lei penal, o que, *in casu*, não se verifica.

Ressalte-se que a simples menção constante do *decisum* impugnado de se tratar de réu perigoso tão somente em virtude do seu estado temporário de embriaguez não constitui razão bastante para fundamentar a custódia cautelar, sobretudo por constituir circunstância inerente ao crime (art. 306 do Código Nacional de Trânsito).

A custódia cautelar, para ser mantida ou decretada, deve atender aos requisitos autorizativos previstos no art. 312 do Código de Processo Penal, os quais deverão ser demonstrados com o cotejo de elementos reais e concretos que indiquem a necessidade da segregação provisória, o que não se vislumbra na espécie.

Nesse sentido:

> HABEAS CORPUS – *ROUBO CIRCUNSTANCIADO – FORMAÇÃO DE QUADRILHA – CORRUPÇÃO DE MENORES – CONCESSÃO DE LIBERDADE PROVISÓRIA – MANUTENÇÃO DA CUSTÓDIA FUNDAMENTADA EM ACAUTELAR O MEIO SOCIAL E NA GRAVIDADE DO DELITO – IMPROPRIEDADE – RECURSO PROVIDO.*
>
> *1. A existência de indícios de autoria e prova da materialidade, bem como o juízo valorativo sobre a gravidade genérica do delito imputado ao paciente e acerca de sua suposta periculosidade, não constituem fundamentação idônea a autorizar a prisão cautelar, se desvinculados de qualquer fator concreto.*
>
> *2. A simples menção à suposta necessidade de resguardar a ordem social, por questões ínsitas ao delito, não se presta a embasar a custódia provisória.*
>
> *3. Deve ser cassado o acórdão recorrido, bem como a decisão monocrática por ele confirmada, para conceder ao paciente o benefício da liberdade provisória, se por outro motivo não estiver preso, sem prejuízo de que seja decretada nova custódia, com base em fundamentação concreta.*
>
> *4. Ordem concedida, para garantir ao réu a liberdade provisória, determinando a expedição de alvará de soltura, se não estiver preso por outro motivo.* (HC 77.747/SP, 6ª Turma, Rel. Min. JANE SILVA (DES. CONVOCADA DO TJ/MG), DJ de 11/02/2008.)

"HABEAS CORPUS. *ROUBO QUALIFICADO. INÉP-CIA DA DENÚNCIA. INOCORRÊNCIA. EXCESSO PRAZAL. INOCORRÊNCIA POR APLICAÇÃO DA SÚMULA 52 DESTE STJ. LIBERDADE PROVISÓRIA. GRAVIDADE ABSTRATA. AUSÊNCIA DE FUNDAMENTAÇÃO CONCRETA. ORDEM PARCIALMENTE CONCEDIDA.*

1. Alega-se que a denúncia estaria afrontando o artigo 41 do Código de Processo Penal por não consignar que um dos bens subtraídos seria de propriedade do paciente, tal como supostamente comprovado em sede do inquérito. Não acostada cópia do inquérito e não comprovada a propriedade do bem, não se pode acolher a pretensa inépcia da denúncia, mormente porque subtraídos, em tese, outros bens além daquele supostamente de propriedade do paciente.

2. Encerrada a instrução criminal, não há mais que se falar em excesso de prazo para a formação da culpa e em necessidade da custódia por conveniência da instrução criminal.

3. A inexistência de vínculo com o distrito da culpa, por si só, não pode legitimar a custódia para assegurar a aplicação da lei penal. Precedentes.

4. É ilegal decisão que indefere liberdade provisória apenas com fundamento na gravidade abstrata do delito de roubo qualificado, sem apresentar concretamente qualquer das hipóteses previstas no artigo 312 do CPP.

5. Ordem concedida parcialmente para conceder ao paciente a liberdade provisória, expedindo-se o competente alvará de soltura, se por outro motivo não estiver preso, mediante o compromisso de comparecimento a todos os atos do processo a que for chamado, e de não mudar de residência sem antecedente comunicação, sob pena de revogação da medida." (HC 74.014/SP, 6ª Turma, Rel. Min. MARIA THEREZA DE ASSIS MOURA, DJ de 17/12/2007.)

Com a concessão a liberdade provisória, fica prejudicada a análise da tese de excesso de prazo para a formação da culpa.

Ante o exposto, CONCEDO a ordem para conceder ao Paciente o benefício da liberdade provisória, mediante o comparecimento a todos os atos do processo a que for chamado e de não mudar de residência sem anterior comunicação, sob pena de revogação do benefício.

É como voto.

EXTRATO DA ATA

HC nº 96.980 – PA – Rel.: Ministra Laurita Vaz. Pacte.: Magayver Oliveira Ferreira Bezerra. Impte.: Michell Mendes Durans da Silva. Coator: Tribunal de Justiça do Estado do Pará.

Decisão: A Turma, por unanimidade, concedeu a ordem, nos termos do voto da Sra. Ministra Relatora.

Os Srs. Ministros Arnaldo Esteves Lima, Napoleão Nunes Maia Filho e Jorge Mussi votaram com a Sra. Ministra Relatora.

Ausente, justificadamente, o Sr. Ministro Felix Fischer.

Presidência do Senhor Ministro Napoleão Nunes Maia Filho. Presentes à sessão os Senhores Ministros Laurita Vaz, Arnaldo Esteves Lima e Jorge Mussi.

Subprocurador-Geral da República, Dr. Edilson Alves De França.

Lauro Rocha Reis, Secretário.

RECURSO ORDINÁRIO EM *HABEAS CORPUS* – PROCESSUAL PENAL – DELITO DE TRÂNSITO – DENÚNCIA QUE NARRA O FATO E SUAS CIRCUNSTÂNCIAS – TRANCAMENTO DA AÇÃO PENAL – FALTA DE JUSTA CAUSA – INÉPCIA DA DENÚNCIA – NÃO OCORRÊNCIA – EXCLUSÃO DA QUALIFICADORA DE OMISSÃO DE SOCORRO – IMPOSSIBILIDADE – CONSTRANGIMENTO ILEGAL NÃO EVIDENCIADO – RECURSO IMPROVIDO.

HABEAS CORPUS Nº 18.809 – SP
Quinta Turma do Superior Tribunal de Justiça
Relator: Ministro Arnaldo Esteves Lima
Impetrante: Hélio César Tavares Costa
Coator: Tribunal de Justiça do Estado de São Paulo

EMENTA

RECURSO ORDINÁRIO EM *HABEAS CORPUS* – PROCESSUAL PENAL – DELITO DE TRÂNSITO – DENÚNCIA QUE NARRA O FATO E SUAS CIRCUNS- TÂNCIAS – TRANCAMENTO DA AÇÃO PENAL – FALTA DE JUSTA CAUSA – INÉPCIA DA DENÚNCIA – NÃO OCORRÊNCIA – EXCLUSÃO DA QUALIFI- CADORA DE OMISSÃO DE SOCORRO – IMPOSSIBILIDADE – CONSTRAN- GIMENTO ILEGAL NÃO EVIDENCIADO – RECURSO IMPROVIDO.

1. O trancamento de ação penal em sede de *habeas corpus* reveste-se sempre de excepcionalidade, somente admitido nos casos de absoluta evi- dência de que, nem mesmo em tese, o fato imputado constitui crime. Isso porque a estreita via eleita não se presta como instrumento processual para exame da procedência ou improcedência da acusação, com incursões em aspectos que demandam dilação probatória e valoração do conjunto de provas produzidas, o que só poderá ser feito após o encerramento da instrução criminal, sob pena de violação ao princípio do devido processo legal. Precedentes do STJ.

2. Não se configura inepta a denúncia que descreve, de forma por- menorizada, a conduta do recorrente, bem como narra a sua imprudên- cia em tentar ultrapassar um comboio de viaturas policiais – que escol- tavam um ônibus que levava presos – pela direita e de modo forçado, em via pública (Rodovia Castelo Branco), que levou o motorista da viatura a uma manobra defensiva, fazendo com que perdesse o controle do carro e capotasse, causando a morte das vítimas.

3. Havendo estrita observância dos requisitos legais previstos no art. 41 do Código Processo Penal, quais sejam, a exposição do fato crimi- noso, narrando todas as suas circunstâncias, a qualificação dos acusados

e a tipificação dos delitos por eles cometidos, não há falar em inépcia da peça acusatória.

4. Não procede a alegação de que, em face da existência de profissionais qualificados para efetuar o socorro, não tinha o dever de socorrer as vítimas, uma vez que a norma não prevê tal hipótese; ressalva apenas a hipótese de se correr "risco pessoal" ao efetuar tal procedimento.

5. Recurso ordinário improvido.

ACÓRDÃO

Vistos, relatados e discutidos os autos em que são partes as acima indicadas, acordam os Ministros da Quinta Turma do Superior Tribunal de Justiça, por unanimidade, negar provimento ao recurso. Os Srs. Ministros Napoleão Nunes Maia Filho, Jorge Mussi e Laurita Vaz votaram com o Sr. Ministro Relator.

Ausente, justificadamente, o Sr. Ministro Felix Fischer.

Brasília (DF), 24 de junho de 2008.

ARNALDO ESTEVES LIMA, Presidente e Relator.

RELATÓRIO

MINISTRO ARNALDO ESTEVES LIMA:

Trata-se de recurso ordinário em *habeas corpus* interposto por HÉLIO CÉSAR TAVARES COSTA, denunciado pela prática do delito de previsto no art. 302, parágrafo único, III, da Lei 9.503/97, c/c 70, *caput*, primeira parte, (três vezes), do Código Penal.

Insurge-se o recorrente contra acórdão proferido pela 12ª Câmara Ordinária do 6º Grupo da seção Criminal do Tribunal de Justiça do Estado de São Paulo, que denegou a ordem ao *writ* originário, a qual objetivava o trancamento da ação penal, em face da ausência de justa causa (HC 843.844.3/0-0).

Sustenta, em síntese, os seguintes fundamentos: a) a inépcia da denúncia, uma vez que não descreve a sua conduta culposa, e sim a conduta culposa do condutor da viatura policial, onde se encontravam as vítimas; e b) a improcedência da qualificadora prevista no inciso III do art. 302 do

CBT, porquanto a prova colhida no inquérito policial mostra que havia uma ambulância de UTI no comboio, razão pela qual não tinha o dever de parar para prestar socorro.

Requer, por esses motivos, o trancamento da ação penal instaurada.

Oferecidas contrarrazões (fls. 107/110), o recurso foi admitido (fl. 112).

O Ministério Público Federal, em parecer da lavra da Subprocuradora--Geral da República DELZA CURVELLO ROCHA, opinou pelo não--provimento do recurso (fls. 121/124).

É o relatório.

VOTO

MINISTRO ARNALDO ESTEVES LIMA:

Conforme relatado, pretende o recorrente o trancamento da ação penal pelos seguintes argumentos: a) a inépcia da denúncia, uma vez que não descreve a sua conduta culposa, e sim a conduta culposa do condutor da viatura policial, onde se encontravam as vítimas; e b) a improcedência da qualificadora prevista no inciso III do art. 302 do CBT, porquanto a prova colhida no inquérito policial mostra que havia uma ambulância de UTI no comboio, razão pela qual não tinha o dever de parar para prestar socorro.

Sem razão, entretanto, o recorrente.

Inicialmente, quanto à alegação de inépcia da denúncia, a referida peça acusatória assim narrou à conduta do recorrente, no que interessa (fls. 14/15):

Segundo o apurado, por ocasião do acidente, o denunciado dirigindo o aludido carro ultrapassou as viaturas pela direita, momento em que a viatura conduzida pela testemunha Leandro, notando a aludida ultrapassagem, de modo, inclusive, forçado, dirigiu a respectiva viatura de modo lateral com escopo de impedir que o denunciado continuasse agindo do sobredito modo, pois, inclusive, era função destes, naquela oportunidade, coibir eventuais tentativas de resgate de presos na rodovia, contudo, depois de ter-se posicionado na segurança do comboio, no instante em que a aludida testemunha tentou retornar à pista de onde originariamente trafegava, perdeu o controle da viatura e capotou-a, de cujo acidente as aludidas vítimas sofreram os referidos ferimentos aos quais estas não resistiram e, por estes, faleceram.

Por derradeiro, é dos autos que o denunciado, depois de ocorrido o mencionado evento, evadiu-se do local e, por isso, deixou de prestar socorro às vítimas, sendo que na ocasião era possível fazê-lo sem risco pessoal.

O denunciado agiu com imprudência e esta consistiu no fato de ele, na aludida via pública, ultrapassar o comboio de viaturas da Rota pela pista da direita, inclusive, agindo de modo forçado, as quais estavam escoltando um ônibus que levava presos transferidos da Casa de Detenção de São Paulo.

Ao contrário do alegado, verifica-se que a denúncia descreve, de forma pormenorizada, a conduta do recorrente, bem como narra a sua imprudência em tentar ultrapassar um comboio de viaturas policiais – que escoltavam um ônibus que levava presos – pela direita e de modo forçado, em via pública (Rodovia Castelo Branco), que levou o motorista da viatura a uma manobra defensiva, fazendo com que perdesse o controle do carro e capotasse, causando a morte das vítimas.

Da mesma forma, não procede a alegação de que, em face da existência de profissionais qualificados para efetuar o socorro, não tinha o dever de socorrer as vítimas, uma vez que a norma não prevê tal hipótese; ressalva apenas a hipótese de se correr "risco pessoal" ao efetuar tal procedimento.

Há, portanto, um conjunto de indícios de que o recorrente tenha cometido o crime a ele imputado, autorizador da propositura da ação penal.

Ademais, diante do entendimento firmado no Superior Tribunal de Justiça, o trancamento de ação penal em sede de *habeas corpus* reveste-se sempre de excepcionalidade, somente admitido nos casos de absoluta evidência de que, nem mesmo em tese, o fato imputado constitui crime. Isso porque a estreita via eleita não se presta como instrumento processual para exame da procedência ou improcedência da acusação, com incursões em aspectos que demandam dilação probatória e valoração do conjunto de provas produzidas, o que só poderá ser feito após o encerramento da instrução criminal, sob pena de violação ao princípio do devido processo legal. Confiram-se os precedentes:

HABEAS CORPUS. PENAL. DELITO DE TRÂNSITO. ALEGADA INOCÊNCIA. NECESSIDADE DE REEXAME DO QUADRO FÁTICO-PROBATÓRIO. IMPOSSIBILIDADE. PRECEDENTES DESTA CORTE. ORDEM DENEGADA.

1. Não se revela idônea a utilização de habeas corpus *para o trancamento de ação penal quando o deslinde da questão envolva necessário exame aprofundado de matéria fático-probatória. Precedentes desta Corte Superior de Justiça.*

2. Não padece de inépcia a denúncia que enseja claramente a adequação típica, descrevendo suficientemente os fatos com todos os elementos indispensáveis, de modo a permitir o pleno exercício do contraditório e da ampla defesa.

3. Ordem DENEGADA. (HC 78.860/MG, Rel. Min. CARLOS FERNANDO MATHIAS, Juiz convocado do TRF 1ª Região, Sexta Turma, DJ de 10/12/07)

HABEAS CORPUS. DELITO DE TRÂNSITO. TRANCAMENTO DA AÇÃO PENAL. ARGUIÇÃO DE INÉPCIA DA DENÚNCIA, POR FALTA DE JUSTA CAUSA. ALEGAÇÃO DE INOCÊNCIA. NECESSIDADE DE DILAÇÃO PROBATÓRIA. INADEQUAÇÃO DO WRIT.

1. A teor do entendimento pacífico desta Corte, o trancamento da ação penal pela via de habeas corpus *é medida de exceção, que só é admissível quando emerge dos autos, de forma inequívoca, a inocência do acusado, a atipicidade da conduta ou a extinção da punibilidade. Precedentes do STJ.*

2. Na hipótese dos autos, a peça vestibular descreve, com todos os elementos indispensáveis, a existência de crime em tese, bem como a respectiva autoria, com indícios suficientes para a deflagração da persecução penal, decorrendo de seus próprios termos a justa causa para a ação penal.

3. O pedido deduzido no presente writ *é arrimado, essencialmente, na alegação de inocência, conclusão essa que demandaria aprofundada e acurada análise de provas, as quais sequer foram produzidas. E, como é sabido, não é o* writ *a via adequada para dilação probatória, que deverá ser realizada, sob o crivo da ampla defesa e do contraditório, durante a instrução criminal.*

4. Ordem denegada. (HC 37.805/BA, Rel. Min. LAURITA VAZ, Quinta Turma, DJ de 14/3/05)

Dessa forma, havendo observância dos requisitos legais previstos no art. 41 do Código Processo Penal, quais sejam a exposição do fato criminoso, narrando todas as suas circunstâncias, a qualificação do acusado e a tipificação do delito por ele cometido, não há falar em inépcia da peça acusatória.

Ante o exposto, nego provimento ao recurso.

É como voto.

EXTRATO DA ATA

HC nº 18.809 – SP – Rel.: Ministro Arnaldo Esteves Lima. Impte.: Hélio César Tavares Costa. Coator: Tribunal de Justiça do Estado de São Paulo.

Decisão: A Turma, por unanimidade, negou provimento ao recurso.

Os Srs. Ministros Napoleão Nunes Maia Filho, Jorge Mussi e Laurita Vaz votaram com o Sr. Ministro Relator.

Ausente, justificadamente, o Sr. Ministro Felix Fischer.

Presidência do Senhor Ministro Arnaldo Esteves Lima. Presentes à sessão os Senhores Ministros Napoleão Nunes Maia Filho, Jorge Mussi e Laurita Vaz.

Subprocurador-Geral da República, Dr. Brasilino Pereira dos Santos.

Lauro Rocha Reis, Secretário.

HABEAS CORPUS – HOMICÍDIO CULPOSO NO TRÂNSITO ANTE-RIOR À VIGÊNCIA DO CBT – VELOCIDADE INCOMPATÍVEL COM A VIA – INOBSERVÂNCIA DE REGRA TÉCNICA DE PROFISSÃO – AUMENTO DA PENA-BASE POUCO ACIMA DO MÍNIMO LEGAL (1 ANO, 6 MESES E 15 DIAS DE DETENÇÃO) – PENA TOTAL FIXADA EM 2 ANOS, 8 MESES E 26 DIAS DE DETENÇÃO EM RAZÃO DO CONCURSO FORMAL (4 VÍTIMAS FATAIS) – CIRCUNSTÂNCIAS JUDICIAIS DESFAVORÁVEIS – GRAVES CONSEQUÊNCIAS DO CRIME – ALTO GRAU DE CULPABILIDADE DO AGENTE – DECI-SÃO FUNDAMENTADA – SOCORRO ÀS VÍTIMAS – DEVER LEGAL DO AGENTE CAUSADOR DO DELITO – OMISSÃO – CAUSA DE AUMENTO DE PENA – INADMISSIBILIDADE DA INCIDÊNCIA DA ATENUANTE GENÉRICA DO ART. 65, III, b DO CPB – INEXISTÊN-CIA DE CONSTRANGIMENTO ILEGAL – ORDEM DENEGADA.

"HABEAS CORPUS" Nº 65.971 – PR
Quinta Turma do Superior Tribunal de Justiça
Relator: Ministro Napoleão Nunes Maia Filho
Paciente: Carlos Rodrigues de Souza
Impetrante: Rodrigo Monteiro Martins
Coator: Quarta Câmara Criminal do Tribunal de Justiça do Estado do Paraná

EMENTA

HABEAS CORPUS. HOMICÍDIO CULPOSO NO TRÂNSITO ANTERIOR À VIGÊNCIA DO CBT. VELOCIDADE INCOMPATÍVEL COM A VIA. INOBSER-VÂNCIA DE REGRA TÉCNICA DE PROFISSÃO. AUMENTO DA PENA-BASE POUCO ACIMA DO MÍNIMO LEGAL (1 ANO, 6 MESES E 15 DIAS DE DETEN-ÇÃO). PENA TOTAL FIXADA EM 2 ANOS, 8 MESES E 26 DIAS DE DETENÇÃO EM RAZÃO DO CONCURSO FORMAL (4 VÍTIMAS FATAIS). CIRCUNSTÂN-CIAS JUDICIAIS DESFAVORÁVEIS. GRAVES CONSEQUÊNCIAS DO CRIME. ALTO GRAU DE CULPABILIDADE DO AGENTE. DECISÃO FUNDAMENTADA. SOCORRO ÀS VÍTIMAS. DEVER LEGAL DO AGENTE CAUSADOR DO DELITO. OMISSÃO. CAUSA DE AUMENTO DE PENA. INADMISSIBILIDADE DA INCI-

DÊNCIA DA ATENUANTE GENÉRICA DO ART. 65, III, B DO CPB. INEXISTÊN-
CIA DE CONSTRANGIMENTO ILEGAL. ORDEM DENEGADA.

1. O Juiz de primeiro grau, ao fixar a pena-base pouco acima do mínimo legal, teceu considerações pormenorizadas a respeito de todas as circunstâncias judiciais do art. 59 do CPB, esclarecendo que, em especial, essas circunstâncias e as consequências do crime e o alto grau de culpabilidade do agente indicavam a necessidade do referido aumento.

2. No homicídio culposo, a ausência de imediato socorro à vítima é causa de aumento da pena (art. 121, § 4º do CPB), descabendo cogitar da atenuante genérica da alínea b do inciso III do art. 65 do referido Código, quando esse socorro foi efetivamente prestado, eis que traduz dever legal do agente causador do delito, não sendo causa de diminuição da sanção.

3. Parecer do MPF pela denegação da ordem.

4. *Habeas Corpus* denegado.

ACÓRDÃO

Vistos, relatados e discutidos estes autos, acordam os Ministros da QUINTA TURMA do Superior Tribunal de Justiça, na conformidade dos votos e das notas taquigráficas a seguir, por unanimidade, denegar a ordem. Os Srs. Ministros Jane Silva (Desembargadora convocada do TJ/MG), Felix Fischer e Arnaldo Esteves Lima votaram com o Sr. Ministro Relator.

Ausente, justificadamente, a Sra. Ministra Laurita Vaz.

Brasília/DF, 13 de setembro de 2007.

ARNALDO ESTEVES LIMA, Presidente

NAPOLEÃO NUNES MAIA FILHO, Relator.

RELATÓRIO

EXMO. SR MINISTRO NAPOLEÃO NUNES MAIA FILHO:

1. Trata-se de *Habeas Corpus,* com pedido de liminar, impetrado em favor de CARLOS RODRIGUES DE SOUZA, contra acórdão proferido pelo Tribunal de Justiça do Paraná.

2. Infere-se dos autos que o paciente foi condenado pela prática de homicídio culposo no trânsito (art. 121, § 3º e 4º c/c 70, todos do CPB),

pois, em 7.2.1996, na direção de seu automóvel, de forma imprudente e sem observar regra técnica de profissão (motorista), causou a morte de 4 pessoas.

3. A sentença estipulou a pena em 2 anos, 8 meses e 26 dias de detenção, substituída por duas restritivas de direito, sendo uma de prestação de serviço à comunidade e outra pecuniária. O Tribunal de Justiça do Paraná negou provimento ao recurso da defesa, mantendo a condenação em todos os seus termos, afastando as alegações de nulidade na dosimetria da pena.

4. Insurge-se a impetração quanto ao aumento da pena-base acima do mínimo legal, bem como em face da não incidência da atenuante genérica prevista no art. 65, III, *b* do CPB.

5. Indeferido o pedido de liminar (fls. 66/67) e prestadas as informações solicitadas (fls. 71/83), o MPF manifestou-se pela denegação da ordem (fls. 85/93).

6. É o que havia de relevante para relatar.

VOTO
EXMO. SR MINISTRO NAPOLEÃO NUNES MAIA FILHO:

1. O Juiz de primeiro grau, ao fixar a pena-base pouco acima do mínimo legal, teceu considerações pormenorizadas à respeito de todas as circunstâncias judiciais do art. 59 do CPB, esclarecendo que, em especial, essas circunstâncias e as consequências do crime e o alto grau de culpabilidade do agente indicavam a necessidade do referido aumento.

2. No homicídio culposo, a ausência de imediato socorro à vítima é causa de aumento da pena (art. 121, § 4º do CPB), descabendo cogitar da atenuante genérica da alínea b *do inciso III do art. 65 do referido Código, quando esse socorro foi efetivamente prestado, eis que traduz dever legal do agente causador do delito, não sendo causa de diminuição da sanção.*

3. Parecer do MPF pela denegação da ordem.

4. Habeas Corpus *denegado.*

1. Trata-se de HC em que se pede a redução da pena-base ao mínimo legal (1 ano), ao argumento de que sua elevação, em seis meses e 15 dias, careceu de fundamentação jurídica idônea. Requer-se, ainda, a aplicação da atenuante genérica do art. 65, III, *b* do CPB, pois o paciente teria procurado, por sua espontânea vontade, minorar as consequências do crime, prestando socorro às vítimas.

2. Inicialmente, registro que o fato ocorreu antes da vigência do Código Brasileiro de Trânsito, que passou a disciplinar os crimes cometidos na direção de veículo automotor.

3. Quanto ao primeiro ponto (elevação da pena-base), inexiste constrangimento ilegal a ser sanado pela via eleita, pois a sentença condenatória contém longa e específica fundamentação para cada uma das circunstâncias do art. 59 do CPB, justificando a pequena elevação em razão das particularidades do fato, das graves consequências crime (que ceifou a vida de 4 pessoas da mesma família e deixou outras duas gravemente feridas), acentuando, ainda, o alto grau de culpabilidade do agente causador do acidente (fls. 34/35).

4. Sem plausibilidade a tese de que o socorro às vítimas do acidente deveria conduzir à aplicação da atenuante genérica do art. 65, III, *b* do CPB. A prestação de socorro à vítima, no homicídio culposo, constitui dever legal, que, quando descumprido, pode conduzir ao aumento da pena, como previsto no § 4º do art. 121 do CPB, mas o cumprimento não importa em mitigação da sanção.

5. Já se decidiu que, *no homicídio culposo, a ausência de imediato socorro à vítima é causa de aumento da pena (...) descabendo cogitar da atenuante da alínea b do inciso III do art. 65 do referido Código (JSTF 165/291)*, conforme anota o Professor JULIO FABRINE MIRABETE (Código Penal Interpretado, São Paulo: Atlas, 6ª ed., 2007, p. 975).

6. Ante o exposto, ausente constrangimento ilegal, voto pela denegação da ordem, em consonância com o parecer do MPF.

EXTRATO DA ATA

HC nº 65.971 – PR – Rel.: Ministro Napoleão Nunes Maia Filho. Pacte.: Carlos Rodrigues De Souza. Impte.: Rodrigo Monteiro Martins. Coator: Quarta Câmara Criminal do Tribunal de Justiça do Estado do Paraná.

Decisão: A Turma, por unanimidade, denegou a ordem.

Os Srs. Ministros Jane Silva (Desembargadora convocada do TJ/MG), Felix Fischer e Arnaldo Esteves Lima votaram com o Sr. Ministro Relator.

Ausente, justificadamente, a Sra. Ministra Laurita Vaz.

Presidência do Senhor Ministro Arnaldo Esteves Lima. Presentes à sessão os Senhores Ministros Napoleão Nunes Maia Filho, Jane Silva, Felix Fischer e Arnaldo Esteves Lima.

Subprocurador-Geral da República: Dra. Eliana Peres Torelly de Carvalho.

Lauro Rocha Reis, Secretário.

⟫◆⟪

CRIMINAL. RHC. OMISSÃO DE SOCORRO. TRANCAMENTO DA AÇÃO PENAL. IMPROPRIEDADE DO MEIO ELEITO. AUSÊNCIA DE JUSTA CAUSA NÃO EVIDENCIADA DE PLANO. RECURSO DESPROVIDO.

HABEAS CORPUS Nº 19.619 – PB
Quinta Turma do Superior Tribunal de Justiça
Relator: Ministro Gilson Dipp
Impetrante: Simone Cardoso da Silva
Coator: Tribunal de Justiça do Estado da Paraíba

EMENTA

Criminal – RHC – Omissão de socorro – Trancamento da ação penal – Impropriedade do meio eleito – Ausência de justa causa não evidenciada de plano – Recurso desprovido.

1. Denúncia que imputou à paciente o delito de omissão de socorro.

2. A falta de justa causa para a ação penal só pode ser reconhecida quando, de pronto, sem a necessidade de exame valorativo do conjunto fático ou probatório, evidenciar-se a atipicidade do fato, a ausência de indícios a fundamentarem a acusação ou, ainda, a extinção da punibilidade, hipóteses não verificadas *in casu*.

3. O *habeas corpus* constitui-se em meio impróprio para a análise de alegações que exijam o reexame do conjunto fático-probatório – no sentido de que não havia dolo na conduta da paciente quando deixou de prover socorro às crianças que estavam trancadas em casa quando esta começou a incendiar – se não demonstrada, de pronto, qualquer ilegalidade nos fundamentos da exordial acusatória.

4. Recurso desprovido.

ACÓRDÃO
Vistos, relatados e discutidos os autos em que são partes as acima indicadas, acordam os Ministros da QUINTA TURMA do Superior Tribunal de Justiça. "A Turma, por unanimidade, negou provimento ao recurso."Os Srs. Ministros Laurita Vaz, Arnaldo Esteves Lima e Felix Fischer votaram com o Sr. Ministro Relator.

Brasília (DF), 15 de agosto de 2006.

ARNALDO ESTEVES LIMA, Presidente

GILSON DIPP, Relator.

RELATÓRIO
EXMO. SR. MINISTRO GILSON DIPP:

Trata-se de recurso ordinário constitucional em face de acórdão proferido pela Câmara Criminal do Tribunal de Justiça do Estado da Paraíba, que denegou ordem impetrada em favor de SIMONE CARDOSO DA SILVA, nos termos da seguinte ementa:

HABEAS CORPUS. *OMISSÃO DE SOCORRO. TRANCAMENTO DA AÇÃO PENAL POR FALTA DE JUSTA CAUSA.*

*EXAME APROFUNDADO DE PROVAS. INADMISSIBILI-
DADE. ORDEM DENEGADA.*

O trancamento da ação penal pela via do habeas corpus
*só é admissível quando atípica a conduta, ou ocorrer causa de
extinção da punibilidade, ou não houver sequer indícios da
participação do agente. Necessitando-se de uma análise mais
minuciosa do conjunto fático-probatório, o trancamento da ação
penal via ordem mandamental torna-se impossível.* (fl. 111).

A paciente foi denunciada perante o Juizado Especial Criminal da
Comarca de João Pessoa/PB, como incursa nas sanções do art. 135, parágrafo único, do Código Penal, porque teria deixado de prestar socorro a
três crianças pequenas que morreram queimadas em incêndio no interior
da casa em que viviam.

Pugnando pelo trancamento da ação penal instaurada, por ausência
de justa causa ante a ausência de indícios de autoria, foi impetrado *habeas
corpus*, com pedido de liminar, perante o Tribunal de Justiça do Estado
da Paraíba, que denegou a ordem.

No presente recurso ordinário, reitera-se o pedido de trancamento
da ação penal. Argumenta-se no sentido da ausência de dolo na conduta
da paciente, que estaria corroborada pelos depoimentos testemunhais.

Foram apresentadas contrarrazões (fls. 129/131).

A Subprocuradoria-Geral da República opinou pelo desprovimento
do recurso (fls. 138/140).

É o relatório.

VOTO
EXMO. SR. MINISTRO GILSON DIPP:

Trata-se de recurso ordinário constitucional em face de acórdão proferido pela Câmara Criminal do Tribunal de Justiça do Estado da Paraíba,
que denegou ordem impetrada em favor de SIMONE CARDOSO DA
SILVA, na qual pretendia o trancamento da ação penal contra si instaurada.

Em razões, reitera-se o pedido de trancamento da ação penal. Argumenta-se no sentido da ausência de dolo na conduta da paciente, que estaria corroborada pelos depoimentos testemunhais.

Não assiste razão à recorrente.

Assim narra a denúncia (fl. 92):

> *DENÚNCIA contra SIMONE CARDOSO DA SILVA, qualificada à fl. 10, atualmente em lugar incerto e não sabido, pelo seguinte fato delituoso: consta neste procedimento que no dia 10.11.2002, no Bairro São José, nesta cidade de João Pessoa, ocorreram as trágicas mortes dos menores JULIANA GUEDES DO NASCIMENTO, FERNANDO DO NASCIMENTO GUEDES e MARIA FERNANDA GUEDES DO NASCIMENTO, em decorrência de incêndio na residência das vítimas em razão de vazamento de gás doméstico e de um curto-circuito no aludido imóvel, o qual resultou na destruição total da casa e na morte das três (03) crianças acima referidas, conforme consta dos laudos de fls. 53/65. Consta, ainda, que a mãe das crianças – ELIZABETE GUEDES DA SILVA – havia saído para trabalhar e deixado as crianças trancadas, cujo processo contra ela (genitora dos menores) foi arquivado, pelos motivos constantes da sentença de fls. 76/77 destes autos. Consta dos autos, através dos depoimentos de algumas testemunhas, que a ora indiciada viu o incêndio e por isso chegou a ir até a porta da casa onde estava pegando fogo, e assim, nada fez para salvar as crianças, que gritavam desesperadas. A própria indiciada diz, em seu depoimento (fl. 10), que, ao ver o incêndio, tratou de chamar os bombeiros, os quais demoraram bastante. Agindo como agiu, está a denunciada incursa nas penas do art. 135, parágrafo único, do Código Penal vigente, razão pela qual se oferece a presente denúncia... (fl. 92).*

É posição desta Corte que o trancamento da ação, normalmente, é inviável em sede de *writ*, pois dependente do exame da matéria fática e probatória.

A alegação de ausência de justa causa para o prosseguimento do feito só pode ser reconhecida quando, sem a necessidade de exame aprofundado e valorativo dos fatos, indícios e provas, restar inequivocamente demonstrada, pela impetração, a atipicidade flagrante do fato, a ausência de indícios a fundamentarem a acusação, ou, ainda, a extinção da punibilidade.

Tais hipóteses, contudo, não foram verificadas *in casu*.

Alega o recorrente, em essência, *"que inexiste o dolo de não socorrer, por parte da paciente, ao contrário, fez o que poderia fazer, evidentemente, sem pôr em risco sua própria vida"* (fl. 123).

A análise da alegação do recorrente, no sentido de que não havia dolo na conduta da paciente quando deixou de prover socorro às crianças, no entanto, não pode ser satisfeita na via estreita do *habeas corpus,* pois a sua verificação demanda investigação fático-probatória, concernente ao elemento subjetivo do injusto, que não pode ser solucionado de plano.

Correto, portanto, o acórdão que entendeu pelo prosseguimento da ação, pois é no momento da instrução processual regular que se resolve tal sorte de questionamento.

Assim, não tendo sido demonstrada, de pronto e estreme de dúvidas, flagrante ausência de justa causa para a ação penal, é inteiramente descabido o seu trancamento.

Ante o exposto, nego provimento ao recurso.

É como voto.

EXTRATO DA ATA

RHC nº 19.619 – PB – Rel.: Ministro Gilson Dipp. Impte.: Simone Cardoso da Silva. Coator: Tribunal de Justiça do Estado da Paraíba.

Decisão: A Turma, por unanimidade, negou provimento ao recurso.

Os Srs. Ministros Laurita Vaz, Arnaldo Esteves Lima e Felix Fischer votaram com o Sr. Ministro Relator.

Presidência do Senhor Ministro Arnaldo Esteves Lima. Presentes à sessão os Senhores Ministros Gilson Dipp, Laurita Vaz, Arnaldo Esteves Lima e Felix Fischer.

Subprocurador-Geral da República, Dra. Lindôra Maria Araújo.

Lauro Rocha Reis, Secretário.

CIVIL E PROCESSUAL – AÇÃO DE INDENIZAÇÃO – ASSALTO A ÔNIBUS SEGUIDO DE ESTUPRO DE PASSAGEIRA – CASO FORTUITO – CONFIGURAÇÃO – PREPOSTO – OMISSÃO NO SOCORRO À VÍTIMA – RESPONSABILIDADE DA TRANSPORTADORA.

RECURSO ESPECIAL Nº 402.227 – RJ
Quarta Turma do Superior Tribunal de Justiça
Relator: Ministro Aldir Passarinho Junior
Recorrente: Auto Viação Tijuca S/A
Recorrido: Rejane Carvalho dos Santos

EMENTA

CIVIL E PROCESSUAL. AÇÃO DE INDENIZAÇÃO. ASSALTO A ÔNIBUS SEGUIDO DE ESTUPRO DE PASSAGEIRA. CASO FORTUITO. CONFIGURAÇÃO. PREPOSTO. OMISSÃO NO SOCORRO À VÍTIMA. RESPONSABILIDADE DA TRANSPORTADORA.

1. A 2ª Seção do STJ, no julgamento do REsp nº 435.865/RJ (Rel. Min. Barros Monteiro, por maioria, julgado em 09.10.2002), uniformizou entendimento no sentido de que constitui caso fortuito, excludente de responsabilidade da empresa transportadora, assalto à mão armada ocorrido dentro de veículo coletivo.

2. Caso, entretanto, em que a prova dos autos revelou que o motorista do ônibus era indiretamente vinculado a dois dos assaltantes e que se houve com omissão quando deixou de imediatamente buscar o auxí-

lio de autoridade policial, agravando as lesões de ordem física, material e moral acontecidas com a passageira, pelo que, em tais circunstâncias, agiu com culpa a ré, agravando a situação da autora, e por tal respondendo civilmente, na proporção desta omissão.

3. Recurso especial conhecido e parcialmente provido.

ACÓRDÃO

Vistos e relatados estes autos, em que são partes as acima indicadas, decide a Quarta Turma do Superior Tribunal de Justiça, à unanimidade, conhecer do recurso e dar-lhe parcial provimento, na forma do relatório e notas taquigráficas constantes dos autos, que ficam fazendo parte integrante do presente julgado. Participaram do julgamento os Srs. Ministros Sálvio de Figueiredo Teixeira, Barros Monteiro, Cesar Asfor Rocha e Ruy Rosado de Aguiar.

Custas, como de lei.

Brasília (DF), 22 de outubro de 2002.

CESAR ASFOR ROCHA, Presidente

ALDIR PASSARINHO JUNIOR, Relator.

RELATÓRIO

EXMO. SR. MINISTRO ALDIR PASSARINHO JUNIOR:

Auto Viação Tijuca S/A interpõe, pelas letras "a" e "c" do art. 105, III, da Constituição Federal, recurso especial contra acórdão do Tribunal de Justiça do Estado do Rio de Janeiro, assim ementado (fls. 244/245):

> *EMBARGOS INFRINGENTES. PRETENSÃO FULCRADA NO DOUTO VOTO VENCIDO, QUE SUFRAGOU A TESE DE IMPROCEDÊNCIA DO PEDIDO DE DANOS MORAIS. VENCEDORA A TESE QUE MAJOROU O SEU VALOR, CONFIRMANDO QUANTO AO MAIS A DECISÃO JUÍZO A QUO.*
>
> *O assalto no interior de ônibus durante a sua viagem, nos grandes centros, nos dias que correm, sabido é, impõe providências de cautela em favor dos passageiros das empresas de trans-*

portes, porquanto a cláusula de incolumidade, inserta no contrato entre a empresa de ônibus e as pessoas por ele conduzidas, não pode ser deixada à margem, sendo certo que a todo instante tal crime pode acontecer em qualquer coletivo, sem previsão de horário ou local. Essas empresas de transporte de passageiros devem concretizar medidas efetivas que busquem conjugar tais ocorrências delituosas, a fim de que as pessoas que ingressem no coletivo possam chegar ilesas ao seu destino.

Se em determinados pontos de ônibus a frequência desses ditos assaltos é mais acentuada, urge que providências em defesa dos passageiros, do motorista, do trocador, enfim, da segurança, com muito mais razão, sejam imediatamente concretizadas.

E se o motorista do ônibus nada providencia após o assalto, mantendo-se indiferente e alheio ao acontecido, como se nada de criminoso tivesse ocorrido, situação que se agravou porque uma passageira foi obrigada a deixar aquela condução, sofrendo sucessivos estupros, a responsabilidade da empresa evidentemente se intensifica.

À conta desses fundamentos, nego provimento aos Embargos Infringentes para confirmar o V. Acórdão, sendo certo que diante do quadro doloroso que se exibe nestes autos, o arbitramento de 500 (quinhentos) salários mínimos, a título de danos morais em favor da vítima, ora Embargada, obediente se encontra à lógica da razoabilidade, pelo que merece mantido.

Improvimento dos Embargos Infringentes.

Alega a recorrente que a decisão contrariou os arts. 1.058 do Código Civil, 17 das Leis das Estradas de Ferro e 14, parágrafo 3º, II, do CDC, a par de ter divergido da orientação de outros Tribunais.

Salienta que o assalto a ônibus constitui caso fortuito, excludente da responsabilidade da empresa transportadora, porquanto inteiramente estranho ao contrato, não havendo nexo causal entre ambos. Aduz que a segurança pública é dever do Estado, pelo que não podem ser atribuídos à ré os ônus de tal prestação.

Invoca jurisprudência paradigmática.

Contrarrazões às fls. 315/357, pugnando pela manutenção do **decisum**, e ressaltando que a par de serem previsíveis os assaltos a ônibus, a situação fática ainda revela omissão do preposto da empresa ré, após o assalto.

O recurso especial foi admitido na instância de origem pelo despacho presidencial de fls. 399/404.

É o relatório.

VOTO

EXMO. SR. MINISTRO ALDIR PASSARINHO JUNIOR (RELATOR):

Trata-se de recurso especial em que se discute sobre a responsabilidade civil da empresa transportadora por assalto ocorrido em ônibus, do qual se seguiram lesões e estupro a passageira do coletivo.

São suscitadas ofensas aos arts. 1.058 do Código Civil, 17 das Leis das Estradas de Ferro e 14, parágrafo 3º, II, do CDC, e divergência jurisprudencial.

O voto condutor do acórdão prolatado em sede de embargos infringentes, de relatoria do eminente Desembargador Albano Mattos Corrêa, disse o seguinte (fls. 247/248):

> *O assalto no interior de ônibus durante a sua viagem, nos grandes centros, nos dias que correm, sabido é, impõe providências de cautela em favor dos passageiros das empresas de transportes, porquanto a cláusula de incolumidade, inserta no contrato entre a empresa de ônibus e as pessoas por ele conduzidas, não pode ser deixada à margem, sendo certo que a todo instante tal crime pode acontecer em qualquer coletivo, sem previsão de horário ou local. As empresas de transportes de passageiros devem concretizar medidas efetivas que busquem conjurar tais ocorrências delituosas. Se em determinados pontos*

de ônibus a frequência desses ditos assaltos é mais acentuada, urge que providências em defesa dos passageiros, do motorista, do trocador, enfim, da segurança, com muito mais razão, sejam imediatamente concretizadas.

Em verdade, tais roubos no interior de ônibus durante o seu trajeto ocorrem com uma constância amedrontadora e impressionante, o que é óbvio, impõe às empresas as providências acauteladoras necessárias, como ressaltado em linhas anteriores.

Para não ser repetitivo e enfadonho, estou adotando, na forma regimental, o Voto Condutor do Eminente Desembargador SYLVIO CAPANEMA DE SOUZA, que teve a oportunidade, à fl. 184, de acentuar:

"Poder-se-á dizer, infelizmente, que, no Rio de Janeiro, os passageiros dos ônibus correm mais o risco de serem assaltados do que o de sofrerem ferimentos decorrentes de colisão.

Impõe-se, portanto, que as empresas que exercem tal atividade, de transporte de passageiros, adotem medidas efetivas, capazes de reduzir, pelo menos, este risco.

Sendo prestadoras de serviço, subsumidas ao regime do CPC, sua responsabilidade é objetiva, regida pela teoria do risco proveito.

Não se discute, assim, se o seu preposto aqui com culpa.

Incumbi à transportadora provar que adotou alguma medida, para mitigar o risco a que estão expostos seus consumidores."

E em outro trecho, fls. 185/186, com precisão e brilho, continua o mencionado Voto Condutor:

"No caso dos autos, a autora, após estafante jornada de trabalho, como comerciária, no Barrashopping, tomou um dos ônibus da ré, que iria subir a estrada do Alto da Boa Vista. Ainda perto do Itanhangá ingressaram os assaltantcs, sendo que um deles era conhecido do motorista, já que filho de companheira sua, ao que se apurou no inquérito policial.

A autora, após o assalto, foi retirada do ônibus e várias vezes estuprada, tendo o ônibus prosseguido viagem, sem que o motorista procurasse socorro imediato para a vítima.

A passividade e a indiferença do preposto da ré obviamente agravaram as consequências do fato. Tivesse o ônibus um sistema de comunicação imediata, em casos de emergência, ou tivesse ele procurado, desde logo, a autoridade policial, e talvez a vítima não sofresse tão danosas consequências.

A prova dos autos revela que o preposto da ré contribuiu, pela omissão, para o agravamento das consequências do ato criminoso."

Inobstante respeitáveis posicionamentos em contrário, meu entendimento guarda harmonia com o manifestado pelo Colendo Tribunal *a quo*.

Com efeito, nos grandes centros urbanos, os veículos coletivos constituem alvo de assaltos, ou seja, o crime é cometido em função do veículo de transporte e não de seus passageiros individualmente. Há mesmo quadrilhas especializadas nessa prática. De sorte que aí se configura um tipo de exposição do indivíduo que provavelmente não ocorreria se estivesse só. Em tais circunstâncias, como o fato é previsível, até corriqueiro, o empresário do setor arca com o risco, que, lamentavelmente, passa a ser inerente a sua atividade, cabendo-lhe envidar os necessários esforços para minimizar tais eventos.

Assim, em princípio, tenho que há responsabilidade do transportador, decorrente do ônus contratual que assume para conduzir incólume seu passageiro ao destino. Quando isso não acontece em face de furto ou roubo, deve arcar com as consequências.

Apenas faço a ressalva de que tal responsabilidade pode ser atenuada ou excepcionalmente até desaparecer, quando, por exemplo, o passageiro se conduz de forma inesperada, irresponsável, não recomendada em situações dessa natureza, levando ao agravamento do perigo. É o caso das reações impensadas, amplamente desencorajadas pelas autoridades de segurança pública, ou qualquer outra atitude inconsequente por parte do usuário do coletivo.

Mas não é isso o que aqui se verifica.

Pela descrição dos fatos, na dicção das instâncias ordinárias, a passageira autora comportou-se como qualquer um diante do assalto, e patente foi a omissão do motorista, inclusive vinculado a um dos meliantes, que mesmo após a saída deles conduzindo a usuária para lugar ermo, onde foi vítima de estupro, não procurou a polícia imediatamente para relatar o ocorrido e pedir auxílio.

E esse quadro, por si só ensejador do dever de indenizar, também não tem como ser revisto, em face do óbice da Súmula nº 7 do STJ.

Ante o exposto, revendo meu ponto de vista anterior quando aderi ao voto condutor no REsp nº 264.589/RJ (Rel. Min. Sálvio de Figueiredo Teixeira, 4ª Turma, DJU de 18.12.2000), não conheço do recurso especial.

É como voto.

RETIFICAÇÃO DE VOTO
EXMO. SR. MINISTRO ALDIR PASSARINHO JUNIOR (RELATOR):

Sr. Presidente, quero reconsiderar em parte o meu voto, tendo em vista o julgamento que se procedeu recentemente na Colenda Segunda Seção, no Recurso Especial nº 435.865/RJ, relatado pelo Sr. Ministro Barros Monteiro, em que ficou definido que constitui motivo excludente da responsabilidade da empresa transportadora o assalto à mão armada ocorrido dentro do ônibus, fato do qual se originam as sequelas causadas à vítima, com ressalva do meu ponto de vista.

Também adiro ao voto de S. Exa. porque em parte coincide com meu voto original, no sentido de reconhecer a responsabilidade da empresa pela sua omissão, conforme escrito já no voto, e impondo-lhe a condenação, além do amparo psicológico a ser por ela inteiramente custeado, o pagamento de uma indenização por dano moral equivalente a quarenta mil reais, o que corresponderia, em termos gerais, a duzentos salários mínimos.

Em suma, portanto, inobstante o caso fortuito ocorrido, houve culpa da ré, por omissão, que agravou a situação da autora, pelo que deve responder civilmente, na forma acima.

VOTO-VISTA

O SR. MINISTRO BARROS MONTEIRO:

1. Rejane Carvalho dos Santos ajuizou ação indenizatória contra a "Auto Viação Tijuca S. A.", sob a alegação de que:

No dia 26.3.1994, embarcara no ônibus da ré no terminal da Barra da Tijuca, por volta das 22h30min, com destino à sua residência. Quando o coletivo passou pelo Itanhangá, próximo ao Bar dos Pescadores, nele ingressaram quatro ou cinco sujeitos, que, a seu ver, pareciam marginais. Prosseguindo a viagem, na altura do restaurante "Existe um Lugar", dois deles determinaram que a autora desembarcasse imediatamente senão seria "furada". Fingindo obedecer à ordem recebida, dirigiu-se para a dianteira do veículo, mas foi acompanhada por dois dos indivíduos. Tentou escapar pela janela do motorista e, em razão das atitudes dos quatro malfeitores, que a roubaram, acabou atirando-se do ônibus. Na via pública, chamou por socorro dos motoristas que por ali passavam, mas nada conseguiu. Foi alcançada por dois daqueles indivíduos, sendo então arrastada e jogada em uma ribanceira. Em continuação, viu-se ameaçada, agredida, violentada no interior da mata. Quando logrou escapar de seus algozes, chegou à estrada onde se encontrava uma viatura e o carro de uma das pessoas que a vira lançar-se pela janela do coletivo e ser arrastada para dentro da mata.

O pedido foi julgado procedente, condenada a ré a arcar com o tratamento psicológico/psiquiátrico à autora e a pagar-lhe, a título de danos morais, a quantia equivalente a 100 salários mínimos.

Apelaram as partes. Por maioria de votos, vencido o Desembargador sorteado, o Tribunal de Justiça do Rio de Janeiro negou provimento ao recurso da ré e deu-o, em parte, ao da autora para elevar a reparação dos danos morais a 500 salários mínimos.

A demandada tirou embargos infringentes com apoio no pronunciamento minoritário, os quais foram rejeitados, em Acórdão assim ementado:

EMBARGOS INFRINGENTES. PRETENSÃO FULCRADA NO DOUTO VOTO VENCIDO, QUE SUFRAGOU A TESE DE IMPROCEDÊNCIA DO PEDIDO DE DANOS MORAIS. VENCEDORA A TESE QUE MAJOROU O SEU VALOR. CONFIRMANDO QUANTO AO MAIS A DECISÃO DO JUÍZO A QUO.

O assalto no interior de ônibus durante a sua viagem, nos grandes centros, nos dias que correm, sabido é, impõe providências de cautela em favor dos passageiros das empresas de transportes, porquanto a cláusula de incolumidade, inserta no contrato entre a empresa de ônibus e as pessoas por ele conduzidas, não pode ser deixada à margem, sendo certo que a todo instante tal crime pode acontecer em qualquer coletivo, sem previsão de horário ou local. Essas empresas de transporte de passageiros devem concretizar medidas efetivas que busquem conjugar tais ocorrências delituosas, a fim de que as pessoas que ingressem no coletivo possam chegar ilesas ao seu destino.

Se, em determinados pontos de ônibus, a frequência desses ditos assaltos é mais acentuada, urge que providências em defesa dos passageiros, do motorista, do trocador, enfim, da segurança, com muito mais razão, sejam imediatamente concretizadas.

E se o motorista do ônibus nada providencia após o assalto, mantendo-se indiferente e alheio ao acontecido, como se nada de criminoso tivesse ocorrido, situação que se agravou porque uma passageira foi obrigada a deixar aquela condução, sofrendo sucessivos estupros, a responsabilidade da empresa evidentemente se intensifica.

A conta desses fundamentos, nego provimento aos Embargos Infringentes para confirmar o V. Acórdão, sendo certo que diante do quadro doloroso que se exibe nestes autos, o arbitramento de 500 (quinhentos) salários mínimos, a título de danos morais em

*favor da vítima, ora Embargada, obediente se encontra à lógica
da razoabilidade, pelo que merece mantido.*
Improvimento dos Embargos Infringentes (fls. 244/245).

Inconformada, a ré manifestou recurso especial com arrimo nas alíneas "a" e "c" do permissor constitucional, apontando contrariedade aos arts. 1.058 do Código Civil; 17 do Decreto nº 2.681, de 7.12.1912; e 14, § 3º, II, do CDC, além de dissídio pretoriano.

Na assentada anterior, o Sr. Ministro Relator não conheceu do recurso.

2. Em recente julgamento, a Segunda Seção deste Tribunal assentou que *"constitui causa excludente de responsabilidade da empresa transportadora o fato inteiramente estranho ao transporte em si, como é o assalto ocorrido no interior do coletivo"* (REsp nº 435.865-RJ, por mim relatado).

Não prevalece, pois, no caso, a tese substancial esposada pela decisão ora recorrida segundo a qual a responsabilidade da empresa transportadora é objetiva, em nada relevando saber se o seu preposto agiu ou não com culpa. Tratando-se de fortuito externo, ou seja, de fato estranho à empresa, sem vinculação alguma com a organização do negócio (Prof. Sérgio Cavalieri, "Programa de Responsabilidade Civil, pár. 246), exonera-se o transportador da responsabilidade, como é a hipótese de assalto à mão armada havido no interior do coletivo.

Na espécie em exame, a vítima foi atacada já no interior do ônibus, vendo-se obrigada a dele saltar por uma das janelas. Foi em seguida arrastada para o interior da mata, onde se viu agredida e violentada pelos agentes, dois deles condenados criminalmente (fls. 121/136).

Embora haja referência a que o motorista do coletivo já conhecesse anteriormente dois dos malfeitores, nenhuma ligação se comprovou com os quatro indivíduos citados, tampouco que tenha acobertado a ação destes.

De sorte que, quanto à investida contra a vítima e no tocante às ofensas físicas e morais que sofreu, nada se pode imputar à empresa, desde que o seu preposto, nesse aspecto, nada poderia realmente ter feito à vista da ação de quatro facínoras que se encontravam armados.

Estaria, a meu ver, eximida de responsabilidade a transportadora não fosse a acusação que se faz ao seu preposto de haver, logo em seguida ao evento, prosseguido a viagem sem procurar dar socorro imediato à vítima. Consta dos Acórdãos da apelação e dos embargos infringentes: *"a prova dos autos revela que o preposto da ré contribuiu, pela omissão, para o agravamento das consequências do ato criminoso"* (fls. 185 e 248).

Nessas condições, a responsabilidade da ré – ora recorrente – deve ser proporcional à conduta de seu preposto na ocasião dos fatos. Em verdade, não é ela a responsável maior pela revoltante submissão a que foi reduzida a autora durante os acontecimentos acima narrados. Conforme assinalado, ao motorista do ônibus incumbia, de imediato, prestar socorro à ofendida, não só comunicando, desde logo, o fato à autoridade policial, como ainda convocando os demais motoristas que pelo local passavam, a dar auxílio à passageira sequestrada.

Diante disso, considero ser a melhor solução para o caso dos autos, em face da jurisprudência emanada desta Casa, restabelecer a condenação decretada em 1º grau, qual seja: responderá a ré pelo tratamento psicológico/psiquiátrico à autora, que não pode ser repartido entre os diversos agentes, sob pena de restar inócuo, e pagará, a título de danos morais, a quantia equivalente a 200 salários mínimos, correspondente hoje a R$ 40.000,00 (quarenta mil reais).

3. Por tais fundamentos, rogando vênia ao Sr. Ministro Relator, conheço do recurso pela alínea "a" do CPC (ofensa ao art. 1.058 do Código Civil) e dou-lhe provimento parcial para reduzir a indenização pelos danos morais a R$ 40.000,00 (quarenta mil reais), mantidas as custas processuais e o percentual da honorária fixados em 1º grau de jurisdição.

É o meu voto.

VOTO

O SR. MINISTRO SÁLVIO DE FIGUEIREDO TEIXEIRA:

Acompanho o voto do Ministro Barros Monteiro, conhecendo do recurso e dando-lhe parcial provimento.

VOTO

O SR. MINISTRO CESAR ASFOR ROCHA (PRESIDENTE):

Srs. Ministros, acompanho o voto do Sr. Ministro Barros Monteiro, conhecendo do recurso e dando-lhe parcial provimento.

VOTO-MÉRITO

O MINISTRO RUY ROSADO DE AGUIAR:

Sr. Presidente, acompanho o voto do Sr. Ministro Barros Monteiro, conhecendo do recurso e dando-lhe parcial provimento.

EXTRATO DA ATA

RESP 402227 – RJ – Rel.: Ministro Aldir Passarinho Junior. Recte.: Auto Viação Tijuca S/A. Recdo.: Rejane Carvalho dos Santos.

Decisão: Prosseguindo no julgamento, após o voto-vista do Sr. Ministro Barros Monteiro, conhecendo do recurso e dando-lhe parcial provimento; a reconsideração do voto do Sr. Ministro Relator, proferido anteriormente, para acompanhar o voto do Sr. Ministro Barros Monteiro; e os votos dos Srs. Ministros Cesar Asfor Rocha, Ruy Rosado de Aguiar e Sálvio de Figueiredo Teixeira, no mesmo sentido, a Turma, por unanimidade, conheceu do recurso e deu-lhe parcial provimento, nos termos do voto do Sr. Ministro Relator.

Presidência do Senhor Ministro Cesar Asfor Rocha. Presentes à sessão os Senhores Ministros Aldir Passarinho Junior, Barros Monteiro, Ruy Rosado de Aguiar e Sálvio de Figueiredo Teixeira.

Subprocurador-Geral da República, Dra. Cláudia Sampaio Marques.

Claudia Austregésilo de Athayde Beck, Secretária.

DIREITO PENAL – AÇÃO PENAL – CRIME DE TRÂNSITO – HOMICÍDIO CULPOSO – MATERIALIDADE COMPROVADA PELOS LAUDOS DO EXAME CADAVÉRICO E DO LOCAL DA OCOR-

RÊNCIA, BEM COMO PELA PROVA TESTEMUNHAL – AUTORIA DEMONSTRADA EM FACE DA PRISÃO EM FLAGRANTE – CONFIRMADAS A EMBRIAGUEZ DO DENUNCIADO E A VELOCIDADE SUPERIOR À PERMITIDA NO LOCAL DO ACIDENTE – OMISSÃO DE SOCORRO – OCORRÊNCIA – PROCEDÊNCIA, EM PARTE, DA DENÚNCIA – DETENÇÃO MAJORADA DE 1/3 (TERÇO) – SUBSTITUIÇÃO PELAS PENAS RESTRITIVAS DE DIREITOS – DELEGAÇÃO PARA EXECUÇÃO DA PENA.

AÇÃO PENAL Nº 189 – RS
Corte Especial do Superior Tribunal de Justiça
Relator: Ministro Garcia Vieira
Revisor: Ministro Fontes de Alencar
Autor: Ministério Público Federal
Réu: Manoel Velocino Pereira Dutra

EMENTA

Direito Penal – Ação Penal – Crime de Trânsito – Homicídio Culposo – Materialidade comprovada pelos laudos do exame cadavérico e do local da ocorrência, bem como pela prova testemunhal – Autoria demonstrada em face da prisão em flagrante – Confirmadas a embriaguez do denunciado e a velocidade superior à permitida no local do acidente – Omissão de Socorro – Ocorrência – Procedência, em parte, da denúncia – Detenção Majorada de 1/3 (Terço) – Substituição pelas penas restritivas de direitos – Delegação para execução da pena.

1. Em ação penal, comprovada a materialidade do crime de trânsito, pelos laudos de exame cadavérico, do local da ocorrência e pela prova testemunhal, do qual resultou atropelamento com vítima fatal, configura-se o cometimento de homicídio culposo, cabendo ser imposta a condenação do responsável pelo acidente nas penas do artigo 302 da Lei nº 9.503, de 23/09/97 (Código Nacional de Trânsito).

2. A autoria do crime resta demonstrada, se houve auto de prisão em flagrante e prova de que o motorista estava dirigindo embriagado, imprimindo velocidade superior à permitida para o local.

3. Ocorrente, na espécie, omissão do socorro (artigo 302, parágrafo único, inciso III do Código Nacional de Trânsito), a pena poderá ser majorada de 1/3 (um terço).

4. Julgada procedente a denúncia, em parte, para condenar o réu à pena de detenção de 02 (dois) anos, majorada de 1/3 (um terço), tornando-a definitiva em 02 (dois) anos e 08 (oito) meses e substituindo-a, com observância de igual prazo, pelas penas restritivas de direitos, previstas nos incisos IV e V do artigo 43 do Código Penal, consistente a última na suspensão de habilitação para dirigir veículo.

5. Fica delegada a execução da pena ao Presidente do Tribunal de Justiça do Estado do Rio Grande do Sul, a quem deverão ser remetidos os autos tão logo se opere o trânsito em julgado.

6. Decisão por maioria.

ACÓRDÃO

Vistos, relatados e discutidos estes autos, acordam os Srs. Ministros da Corte Especial do Superior Tribunal de Justiça, na conformidade dos votos e das notas taquigráficas a seguir, por maioria, vencidos parcialmente o Sr. Ministro Relator, o Sr. Ministro Revisor e os Srs. Ministros Barros Monteiro, Humberto Gomes de Barros, César Asfor Rocha, Vicente Leal e Nilson Naves, julgar procedente, em parte, a denúncia, impondo ao réu a pena de 2 (dois) anos de detenção majorada de 1/3 (um terço), tornando-a assim definitiva em 2 anos e 8 meses de detenção e substituindo-a, com observância de igual prazo, pelas penas restritivas de direitos, previstas nos incisos IV e V do artigo 43 do Código Penal, consistente a última na suspensão de habilitação para dirigir veículo.

Por unanimidade, delegou-se a execução ao Sr. Desembargador--Presidente do Tribunal de Justiça do Estado do Rio Grande do Sul, a quem os autos deverão ser remetidos tão logo se opere o trânsito em julgado.

Afirmou suspeição o Sr. Ministro Ruy Rosado de Aguiar. Os Srs. Ministros Francisco Peçanha Martins, Milton Luiz Pereira, Ari Pargendler, José Arnaldo da Fonseca, Fernando Gonçalves, Felix Fischer, Eliana Calmon, Francisco Falcão e Antônio de Pádua Ribeiro votaram com o Sr. Ministro Sálvio de Figueiredo Teixeira.

Ausentes, justificadamente, os Srs. Ministros Edson Vidigal e José Delgado.

Brasília (DF), 05 de setembro de 2.001.

PAULO COSTA LEITE, Presidente.

GARCIA VIEIRA, Relator.

RELATÓRIO

EXMO. SR. MINISTRO GARCIA VIEIRA:

Com fundamento no artigo 105, inciso I, da Constituição Federal, que dá competência ao Superior Tribunal de Justiça para processar e julgar, originariamente, os desembargadores dos Tribunais de justiça dos Estados, nos crimes comuns de sua responsabilidade, o eminente Presidente do Tribunal de Justiça do Estado de Rio Grande do Sul encaminhou a este Tribunal notícia crime relativa ao delito de trânsito cometido pelo Desembargador MANOEL VELOCINO PEREIRA DUTRA, acompanhada do termo de flagrante, por homicídio culposo, lavrado contra o mencionado magistrado, ofício do Delegado de Polícia, com o auto de necrópsia da vítima e outros quatro laudos (fls. 02/26).

Vindo-me destribuídos os autos, dei vista ao Ministério Público Federal que requereu diligências (fls. 34/35).

Deferido o pedido (fl. 54) e atendido parcialmente (fls. 61/77), novas diligências foram requeridas (fls. 79/80) e afinal cumpridas (fls. 90/101).

Diante dos elementos informativos do processo, a douta *Parquet* Federal ofereceu a denúncia contra o Desembargador MANOEL VELOCINO PEREIRA DUTRA, como incurso nas penas do artigo 302, Parágrafo Único, inciso III, e artigo 306 da Lei 9.503, de 23/09/97 (Código Nacional de Trânsito), para responder regularmente o processo, até final condenação (fls. 103/107).

Notificado o acusado, para oferecer resposta (fl. 118), apresentou sua defesa (fls. l33/145), postulando, ao final, que:

> *a) seja denúncia recebida sem a inclusão da majorante do § único do art. 302 do Código de Trânsito Brasileiro, eis inviável seu reconhecimento no mérito, por não haver prova que demonstre que sobre fato devidamente provado e real deva incidir a referida causa de aumento de pena.*
>
> *b) seja excluída da denúncia a pretensão acusatória referente ao crime autônomo ao art. 306, em decorrência do princípio da consunção, eis que, segundo a inicial, teria sido essa embriaguez causa do homicídio culposa, não podendo, por isso ser entendida tal circunstância como elementar de outro crime;*
>
> *c) seja reconhecida a ausência de prova quanto ao crime do art. 306 do mesmo diploma legal, eis inexistir comprovação de existência de embriaguez, nos termos do art. 158 com o 564, III, b. do CPP. (fl. 145)*

A douta Subprocuradoria-Geral da República, no parecer de fls. 148/150, opinou no sentido de que fosse recebida a denúncia, nos termos anteriormente ofertados.

Devidamente intimadas as partes, a egrégia Corte Especial deste Tribunal julgou a notícia crime e recebeu a denúncia, nos termos do acórdão assim ementado:

> *CRIMES DE TRÂNSITO – HOMICÍDIO CULPOSO – RECEBIMENTO – DENÚNCIA – ABSORÇÃO.*
>
> *Existindo indícios da autoria e prova da materialidade do fato criminoso, deve a denúncia ser recebida.*
>
> *A classificação jurídica do fato pode ser alterada no decorrer do processo.*
>
> *O momento próprio para o Juiz dar ao fato definição diversa da que constar da denúncia será o da sentença.*

O crime previsto no artigo 306 da Lei nº 9.062/98 é absorvido pelo previsto no artigo 302 (homicídio culposo na direção de veículo automotor).

Denúncia recebida pelo artigo 302 da Lei nº 9.062/98."
(fls. 171/176)

Contra esta decisão, o Desembargador MANOEL VELOCINO PEREIRA DUTRA opôs embargos de declaração, sobre alegar que o v. acórdão embargado nenhuma referência fez, nem no relatório, nem no voto, sobre o pedido de desentranhamento das provas obtidas ilicitamente ao arrepio do artigo 5º, LVI, da Constituição Federal, explicitamente invocado na defesa prévia (fls. 180/182).

Os embargos restaram rejeitados, por unanimidade, porquanto inexistente omissão, contradição ou obscuridade (fls. 188).

A douta. Subprocuradora-Geral da República reiterou os termos da denúncia, a fim de que o acusado fosse condenado nas penas do artigo 302, c/c seu inciso III, da Lei 9.503, de 23.9.97, aduzindo as seguintes razões:

A materialidade do delito está provada pelo Laudo de Exame Cadavérico de fls. 21/22 e pelo laudo de exame do local da ocorrência e do veículo envolvido, às folhas 42 e 53, além do depoimento da fl. 94.

A autoria está amplamente demonstrada, inclusive com o auto da prisão em flagrante (fls. 3 a 18).

A agravante imposta com fundamento no inciso III da Lei 9.503/97 ressalta dos seguintes depoimentos:

"O seu colega Miguel foi quem identificou o autor do fato, ou seja, o motorista que estava junto de um chevete cinza que se achava estacionado a dez ou quinze metros da vítima.

...

Segundo observou, o conduzido não teria prestado socorro à vítima. (fl. 12)

O declarante observou então que havia um cidadão junto com o conduzido. Tal cidadão informou-lhe que o conduzido teria atropelado a vítima e fugido do local. Disse, ainda, que vinha trafegando com seu veículo no mesmo sentido do conduzido e saiu atrás dele alcançando-o fazendo-o retornar ao local do evento (fl. 13).

Às folhas 94/5 e 314/15, a testemunha referida acima – Marco Antônio Oliveira Rogoski – confirmou que o denunciado vinha atrás dele forçando passagem, chegando a ultrapassá-lo, desenvolvendo velocidade entre 70 e 75 km/h, embora o local tivesse por limite 40 km/h. Que após o atropelamento não parou nem freou, pois as luzes não se acenderam. O depoente então o perseguiu, fazendo-o retornar. Nessa ocasião, o acusado freou e as luzes se acenderam, o que demonstra sua determinação de abandonar o local sem prestar socorro à vítima, pois sequer tentou parar a viatura ou diminuir-lhe a velocidade.

Além de não ter prestado socorro, o denunciado apresentava sintomas de embriaguez, como atestou o Departamento Médico Legal no laudo provisório de verificação, elaborado às 23h e 13 minutos do dia 22 de julho de 1998, embora não tivesse sido completado o exame, pois o denunciado se negou a fornecer sangue e urina (fls. 9, 16 e 314). Seu estado etílico é ainda confirmado pelos policiais que o prenderam em flagrante:

O depoente notou que o conduzido apresentava sintomas de embriaguez

...

O depoente acompanhou o conduzido até o Instituto Médico Legal onde ele seria submetido a exame de teor alcóolico. (fl. 12)

...

... O ocupante do Chevette desceu do carro e veio caminhando na direção do depoente, tendo cambaleado um pouco;... (fls. 372/373).

Antes de aberto o prazo do artigo 10 da Lei 8.038/90, requereu o denunciado a juntada de fotografias e reportagens jornalísticas, para que a Corte Especial bem possa avaliar o entorno do local do fato, a fim de aferir a responsabilidade penal do postulante (fls. 377/385).

Intimado para apresentar alegações finais, o denunciado sustenta, em resumo, que:

a) o ato de dirigir veículo automotor, no dia e hora do fato foi marcado por inequívoca fatalidade, para o que não concorreu de modo algum;

b) é claro e insofismável descaber a majorante da omissão de socorro (art. 121, § 4º do Código Penal e art. 302, parágrafo único, inciso III, do Código de Trânsito Brasileiro), porquanto inexiste, no curso da coleta de provas, elemento seguro sobre a prática de tal omissão;

c) Do que consta da prova é induvidoso não ter havido omissão de socorro, (a) porque o acusado voltou logo em seguida ao local dos fatos, não se consubstanciando fuga e (b) porque várias pessoas se aglomeravam, depois do atropelamento no local do fato, inclusive dois policiais militares que chamaram a ambulância, prestando socorro à vítima na presença do acusado. (Ademais, o carro do réu é um Chevette, e conduzir a vítima nesse veículo seria uma tolice, mormente por se estar esperando uma ambulância, veículo que inclusive dispõe, em regra, de aparelhos para atendimento de emergência). Ademais, ante o chamado da ambulância, o mais lógico e correto era esperar sua chegada. (fls. 396/397)

d) impossível acolher-se a majorante da omissão de socorro, pois quem, na sequência dos fatos retorna logo após ao local do atropelamento, não pode ser considerado omitente, mormente se várias pessoas lá já se aglomeravam e procuravam obter atendimento de ambulância. Igualmente, não cabe o reconhecimento da causa de aumento, se os fatos provados nos autos não se prestam a uma decisão condenatória que acolha a majorante. (fl. 402)

e) falta prova de embriaguez alcóolica, como elemento do homicídio culposo, por isso que não há como reconhecê-la com base em laudo provisório, feito por um só perito e não confirmado por outro definitivo, que não foi feito;

f) foram inobservados regras legais que constituem prerrogativas do magistrado, segundo a Lei Orgânica da Magistratura Nacional, por isso realizada prova ilícita que não poderia constar de processo.

De outra parte, em relação ao que considera o mérito principal, alega, preliminarmente, que o atropelamento causador da morte da vítima nada apresenta de delituoso, pois decorreu de circunstâncias meramente acidentais, tendo em vista a péssima estrutura viária da estrada, destituída de acostamento e de sinalização adequada, conforme demonstram as fotocópias juntadas aos autos.

Aduz, ainda, com base em depoimento de testemunha, que a velocidade desenvolvida pelo acusado era moderada, não havendo como concluir que ao colher a vítima se encontrasse em velocidade acima do normal.

Por último, invocando trechos do depoimento da esposa da vítima, procura atribuir a ambos "uma grande dose de descuido", descuido que considera natural dos velhos, "desatenção decorrente da idade". Daí porque considera absoluta a ausência de culpa na conduta do acusado, tudo se devendo à desatenção, o que mostra, segundo afirma, "que pessoas idosas, com mais de setenta anos, agiram de forma muitíssimo imprudente, ao atravessarem, como fizeram, uma estrada escura, mal sinalizada, fora das faixas de segurança, longe do semáforo, sem refúgio central e sem demarcação de pistas, partindo de um acostamento de terra todo defeituoso e esburacado, e iniciando uma travessia de estrada com um péssimo asfalto, e, pior, sem olhar para o lado direito."(fl. 416)

Pleiteia, ao final, absolvição.

Finda a instrução, o processo encontra-se em condições de julgamento, nos termos do artigo 12 da Lei 8.038/90.

É o relatório.

VOTO

EXMO. SR. MINISTRO GARCIA VIEIRA:

Sr. Presidente – A materialidade está comprovada pelos laudos de exame cadavérico (fls. 21/22) e do local da ocorrência (fls. 41/ 53). As testemunhas ouvidas na delegacia de polícia (fls. 94/99), no flagrante (12/17) e em Juízo (fls. 295/322, 341/359) e, especialmente a testemunha Marco Antônio Oliveira Rogoski (fls. 305/322), que viu o atropelamento, apontam o acusado como autor do crime de homicídio culposo objeto desta ação. O próprio denunciado, em sua defesa preliminar (fls. 133/145), em seu interrogatório e nas alegações finais, confirma o crime. Afirma ele na defesa prévia (fls. 133/134) que:

> *Os elementos válidos, constantes dos autos, demonstram, pelo auto de necrópsia (fls. 21), pela perícia do Departamento de Criminalística (fls. 41 a 44), pela palavra do defendente, colhida no auto de flagrante (fls. 14 a 16), e pelos depoimentos do condutor (fls. 12 e 13) e da testemunha da prisão (fls. 13 a 14), que o acusado, na noite de 22.07.98, mais ou menos às 19:30h (segundo denúncia de fls. 103 a 107), quando dirigia um veículo do tipo Chevette, colheu o pedestre Odilon Alves Chaves, causando-lhe a morte.*
>
> *Assim examinados os elementos colhidos até agora, fica induvidosa a tipicidade objetiva do fato que, em princípio e segundo a denúncia, caracterizaria conduta adequada ao art. 302, caput da Lei nº 9.503/97 (Código Brasileiro de Trânsito).*
>
> *Assim sendo, quanto à situação jurídica que decorre do fato em exame e da referida tipicidade objetiva, impõe-se o recebimento da denúncia, para que, no curso do processo que se seguir, possa o acusado, no exercício da ampla defesa, demonstrar sua inocência.*

A culpa pelo acidente fatal foi toda do denunciado que estava dirigindo embriagado. A testemunha Miguel Batista dos Santos, na delegacia de polícia (fl. 4), disse que o acusado apresentava visíveis sintomas de embriaguês. No flagrante, tal fato foi confirmado pela testemunha Valdeci Alves Pereira, pelo laudo de fl. 9. O próprio denunciado confirmou ter tomado, no dia do acidente, horas antes deste, vários copos de vinho. Além de embriagado, o acusado encontrava-se, na hora do acidente, imprimindo velocidade superior à permitida para o local, que é perímetro urbano. A velocidade máxima permitida era de 40 km/hora e sua viatura estava entre 70 e 75 km/hora.

Assim afirmou a testemunha Marco Antônio Oliveira Rogoski, na delegacia de polícia (fl. 94). Esclarece a testemunha que o denunciado vinha colado na traseira de seu veículo, insistindo para ultrapassá-lo e que, na ultrapassagem, ele, testemunha, vinha a 70 ou 75 km/hora. Logo a seguir houve o acidente. Afirmou a testemunha (fl. 94):

> *Que, quando o depoente deu passagem, viu que o veículo que vinha na sua traseira era um chevette, de cor escura, e no momento da ultrapassagem o depoente estava a uma velocidade entre 70 e 75 km/h; Que, quando o Chevette ultrapassou o depoente, o depoente viu a faixa bem iluminada pelos faróis dele, pois, como já disse, ele estava como os faróis e os faroletes ligados; Que, quando o Chevette já se distanciava uns trinta metros do veículo do depoente, à frente dele, numa distância entre cinco e dez metros o depoente divisou três pessoas que estavam tentando atravessar a estrada, da esquerda para a direita e já estavam na pista da direita; Que, eram um homem e duas mulheres; Que o depoente viu quando o homem tentou empurrar as duas senhoras para que concluíssem logo a travessia, tendo ficado ele um pouco para trás; Que, nesse momento, o depoente viu o atropelamento desse senhor pelo veículo Chevette, que havia lhe ultrapassado há pouco; Que, quando se deu o choque, o senhor que foi atropelado voou por cima do Chevette, ainda na*

frente do carro do depoente; Que o depoente não ouviu barulho de frenagem por parte do chevett e viu que não se acenderam as luzes de freio dele, tanto que não parou após o atropelamento, seguindo em frente.

A vítima não teve nenhuma culpa pelo acidente que lhe tirou a vida. Esclarecem as testemunhas que ela gozava de boa saúde, tinha boa visão e teve cuidado de olhar para ambos os lados da pista e só tentou atravessá-la quando hão havia carros ali trafegando. Tinha ele o costume de fazer caminhadas, lia muito e conhecia bem o local. Antes de ser colhido pelo carro do denunciado, ainda salvou a vida de sua esposa, empurrando-a para frente. O acidente somente ocorreu porque o acusado vinha em alta velocidade e não teve o necessário cuidado em observar a pista. A testemunha Rogoski que vinha logo à frente do denunciado, viu a vítima e as duas senhoras atravessando a pista. Viesse o denunciado em velocidade compatível com a permitida para o local e não tivesse embriagado, teria evitado a tragédia.

Assim, hão há dúvida. Cometeu o denunciado o crime previsto pelo artigo 302 do Código Nacional de Trânsito (Lei nº 9.503/97). Praticou ele homicídio culposo na direção de veículo automotor. Mas, para mim, não houve omissão de socorro. É verdade que ele, após cometer o crime, não parou e ao fugir do local, foi perseguido pela testemunha Rogoski.

Esta, na perseguição, fez sinais com a luz e com os próprios braços para que ele, acusado, voltasse ao local e ele voltou e o fez voluntariamente. A testemunha Marco Antônio Oliveira Rogoski, que assistiu ao acidente, esclarece bem a questão. Disse ele que:

... como o motorista do chevette olhava para o depoente, este lhe fazia sinais com gestos, para que contornasse aquela rótula e voltasse; Que, passados alguns minutos, o referido motorista resolveu fazer a volta na rótula, retornando pela mesma estrada de onde tinha vindo; Que o depoente então seguiu atrás; Que o motorista do Chevette passou pelo corpo da pessoa atropelada, sem parar tendo o depoente seguido atrás e buzinado novamente,

imaginando que ele iria fugir de novo; Que, então, o Chevette parou, tendo o depoente repetido a gesticulação para que ele voltasse novamente; Que ele retornou, passou novamente pelo corpo do atropelado, e parou uns quinze metros depois, tendo o depoente parado no meio da rua, e um pouco atrás dele. (fl. 95).

Não há prova nestes autos de que o acusado tenha sido obrigado a voltar ao local do acidente. A testemunha Rogoski que o perseguiu apenas fazia gestos e sinais com os faróis, pedindo que o réu voltasse ao local do acidente. Alertado pela testemunha do atropelamento, regressou, por sua própria vontade, ao local do crime. Voltando ao local do acidente fatal, já havia sido solicitado uma ambulância para levar a vítima (ainda com vida) ao hospital e isso ocorreu logo após a chegada do acusado. Este não podia fazer outra coisa senão aguardar a chegada da ambulância.

Como se vê, não houve a agravante prevista pelo parágrafo único, item III do artigo 302 do Código Nacional de Trânsito.

Fixo a pena no mínimo legal e, não havendo atenuantes ou agravantes, bem como causas gerais ou especiais de aumento ou diminuição da pena, torno-a definitiva.

Diante disso, julgo procedente, em parte, a denúncia para condenar o réu à pena de detenção de 2 (dois) anos. Sendo o denunciado primário, de bons antecedentes e, levando em conta os motivos e as circunstâncias do crime, com base no artigo 696 do CPP, suspendo por 2 (dois) anos a execução da pena, impondo as condições previstas pelo artigo 767 do mesmo Código.

Fica o réu proibido, por um ano, de obter permissão para dirigir veículo automotor.

VOTO-VENCIDO (EM PARTE)
O EXMO. SR. MINISTRO FONTES DE ALENCAR (Relator):

Senhor Presidente, examinei os autos e ouvi com atenção o voto do Sr. Ministro-Relator.

Estou inteiramente de acordo com o que disse S. Exa. em relação ao fato e à dosimetria da pena. A partir daí, porém, peço licença para me afastar da conclusão. S. Exa., depois de aplicar a pena, que está ajustada à previsão legal, suspendeu sua execução pelo prazo a que se referiu, concedendo, assim, o "sursis", com as condições do art. 667, do CPP.

Tratando-se de crime culposo, e não excedendo a pena aplicada no que diz respeito à restrição de liberdade a quatro anos, penso que o Direito Penal, precisamente o Código Penal, autoriza a substituição da pena privativa de liberdade pela pena restritiva de direito. Ao invés de suspender a execução, eu aplicaria a substituição da pena privativa de liberdade por pena restritiva de direito, tal como autoriza o art. 44, item I, do Código Penal. Faço-o exatamente em relação àqueles dois anos da pena substituída. As restrições de direito que substituiriam a pena privativa de liberdade seriam a prestação de serviços à comunidade e a interdição temporária de direito previstas nos incisos IV e V, art. 43 do Código Penal.

ADITAMENTO AO VOTO
O EXMO. SR. MINISTRO GARCIA VIEIRA:

Sr. Presidente, estou de acordo com o Sr. Ministro Fontes de Alencar quando S. Exa. Diz que poderíamos aplicar o disposto no art. 43, item IV, do Código Penal. Concordo também em ampliar a interdição para dois anos e delegar competência ao Presidente do egrégio Tribunal de Justiça do Rio Grande do Sul para a execução da pena.

VOTO
O SR. MINISTRO SÁLVIO DE FIGUEIREDO TEIXEIRA:

Entendo, como os votos antecedentes, que autoria e materialidade não padecem de dúvida. Estou também de acordo com os Ministros Relator e Revisor no que tange à incidência do art. 43, incisos IV e V, do Código Penal. Peço vênia, no entanto, para divergir em parte.

Tenho para mim que, sem embargo da douta defesa apresentada pelo ilustre Advogado e Professor Marco Aurélio, a matéria probatória, no que diz respeito à omissão de socorro restou caracterizada. A circunstância de ter o acusado, em certo momento, parado seu veículo e retornado ao local, somente se deu às instâncias e à insistência da testemunha do acidente. Além do mais, há outra circunstância que me pareceu evidente: o veículo teve seu para-brisa danificado, tanto que, segundo se fez ouvir, o motorista acusado vinha segurando com dificuldade essa parte do veículo, tendo o corpo da vítima sido projetado por cima do veículo.

Nessas circunstâncias, não vejo como reconhecer que houve a prestação de socorro.

Em consequência, com a devida vênia, defiro também a sanção postulada pelo Ministério Público, no tocante à agravante, impondo-a no mínimo. No mais, acompanho os votos que me precederam, inclusive quanto à fixação da pena e suas outras circunstâncias e consequências.

VOTO-VENCIDO (EM PARTE)
O SR. MINISTRO BARROS MONTEIRO:

Sr. Presidente, acompanho, *data venia*, os votos dos Srs. Ministros Relator e Revisor. Penso que a culpabilidade do réu está evidentemente demonstrada, sobretudo, pelo excesso de velocidade. Verificou-se que o acusado insistia na ultrapassagem do veículo que ia à frente, o qual trafegava a uma velocidade de 70 a 75 km/h; logo, estava em velocidade maior. Acresce que a vítima, ao ser atingida, voou por cima do veículo atropelante.

Também acompanho os Srs. Ministros Relator e Revisor no tocante à exclusão do aumento de pena relativa à omissão de socorro, pelos motivos apontados por S. Exª.

Quanto à substituição da pena privativa de liberdade pela restritiva de direito, estou de pleno acordo com a sugestão alvitrada pelo eminente Ministro-Revisor e que acaba de ser acatada pelo eminente Ministro-Relator.

VOTO
EXMO. SR. MINISTRO FRANCISCO PEÇANHA MARTINS:

Sr. Presidente, ouvi atentamente a defesa, a acusação e também os votos dos eminentes Ministros Relator e Revisor.

Pela circunstância em que se deu o fato, creio também que ao autor faltou o ânimo de prestar o socorro. Não posso entender que tendo o para-brisa rompido – em um carro Chevette, com um choque mais forte, com certeza mais sentido por ser um carro menor, leve –, não tenha tido ele, um homem da lei, o cuidado de parar imediatamente o seu veículo para ver o que acontecera.

Por isso, peço vênia para acompanhar, às inteiras, o voto do eminente Ministro Sálvio de Figueiredo.

VOTO-VENCIDO (EM PARTE)

MINISTRO HUMBERTO GOMES DE BARROS: – Sr. Presidente, peço vênia à divergência para acompanhar o voto do eminente Ministro- -Relator, com o adendo do eminente Ministro Fontes de Alencar.

Na verdade, o que houve foi uma vacilação reprovável em um homem que deveria dar exemplo de civismo, de civilidade, prontificando-se ime- diatamente a prestar socorro. No entanto, essa vacilação foi imediata- mente superada pelo retorno ao local do acidente; não se pode afirmar a omissão de socorro. O réu fez o que estava ao seu alcance, exatamente o necessário. Reprovo a vacilação. Um homem numa posição institucio- nal, social, no Estado, em que se encontra o réu, não poderia ter vacilado.

No entanto, a meu ver, a omissão de socorro havida imediatamente foi reparada de forma eficaz.

VOTO

O SENHOR MINISTRO MILTON LUIZ PEREIRA:

Senhor Presidente, a essa altura e andamento do julgamento, as posições se definem e, evidentemente, agora somente o que se faz é uma adesão a uma posição ou outra, apenas com adições orais no sentido do avivamento da compreensão pessoal de cada julgador.

No caso, inexistem dúvidas e, ao que percebo e tenho por afirmado, a defesa não negou a materialidade; a autoria é confessa.

A rigor, a inteligência privilegiada do ilustre Professor-defensor procu- rou afastar ou derruir, com argumentos de tomo, a constituição conceitual da culpa. S. Exa., com habilidade introdutória sedutora, trouxe ao lance das suas argumentações a lembrança da manifestação histórica, segundo o seu registro, de Frederico, o Grande, que, ao ouvir a argumentação do seu procurador de Estado, deu-lhe de imediato razão, dispensando as razões da contradita. Em verdade, o ilustre defensor pretende que não nos iludamos com as prédicas da acusação, porque a sua sustentação da defesa mostrou o outro lado da moeda. De efeito, os fatos têm efetivamente duas faces: a que favorece a acusação e outra favorável à defesa.

No entanto, ocorreu-me à lembrança as ideias de Guimarães Rosa, expostas em uma das suas raras entrevistas. Perguntado sobre a importância que dedicava às palavras que utilizava nos seus escritos, respondeu que toda palavra tem alma e se não tiver alma, não tem sentido, porque graficamente posta nada explica. A respeito, com atrevimento, acrescendo que é o exemplo típico das letras de um nome na lápide de cemitério. Não terão significação se não projetarem a memória de uma pessoa, enfim, da sua vida.

Então, ilustre defensor, com as minhas homenagens por sua inteligência, posso dizer que suas palavras, *data venia*, não me convenceram, porque sem a alma da realidade do próprio processo, ou seja, das provas constituídas.

Portanto, com o devido respeito, não considero convincentes as conclusões de V. Exa.

Por outras veredas de argumentação, quanto à culpa, no caso ocorreu por imprudência, na forma de direção perigosa; e aí teríamos que indagar se esse agir do motorista foi previsível ou imprevisível, ou pelo menos razoavelmente previsível. V. Exa. salientou o distanciamento do dolo eventual. Mas, previsível, portanto, evitável. Daí a culpa consciente. V. Exa., com muita capacidade, contou-nos detalhes sobre o local. Mas não importa se é estrada, avenida ou rua. Alguns fatos são notórios: é lugar de movimento; se não tinha acostamento, razão maior para o motorista ser cuidadoso; razão maior para não ultrapassar os 40 km do aviso. Aliás, aviso sintomático, há alguns metros antes do sinaleiro, semáforo ou simples sinal, como queira V. Exa.

Pergunta-se: o réu poderia ou não impedir o resultado? Sim, poderia ser cuidadoso em rua movimentada. V. Exa. acrescentou, procurando ilustrar com os elementos informativos do processo, que, àquela hora, em

Porto Alegre, já começando a escurecer, as pessoas estavam voltando do trabalho, aumentando o movimento. Ora, se movimentada, razão a mais no cuidado do motorista. E, se mal iluminada a via, outra razão para o cuidado do motorista. Tanto assim é que o motorista de outro veículo foi forçado a dar passagem, porque vinha na velocidade orientada, certamente os 40 km e o outro, segundo as indicações, estaria por volta de 60 km ou 70 km horários. Desse modo, podia prever e evitar o resultado, embora não o quisesse.

No particular da culpa o nobre Advogado, embora não dissesse claramente, acenou à possibilidade da culpa concorrente. Vale dizer, quando, falando das idades da vítima e da sua esposa, acrescentou que estavam de mãos dadas, teriam sido descuidados. V. Exa. acrescentou que a esposa da vítima mostrou-se perturbada, preocupada e dizia que não sabia bem, porque estava muito nervosa no momento da travessia. Penso agora: quem sabe uma premonição? E por que a premonição? Porque, segundo as provas, eles faziam aquele caminho com frequência, conheciam bem o lugar e sabiam do movimento, por isso se acautelavam, seja no sinaleiro ou quando de mãos dadas, solidariamente, atravessavam a rua.

A culpa concorrente decorreria do fato de que só teriam olhado de um lado e não do outro; ainda que só para argumentar – e não passo daí – mesmo que desatenção houvesse, ela não escusa a atenção obrigatória do motorista em relação aos pedestres no momento das vias e, no caso, depois do fechamento do comércio, em rua quase às escuras. Pelo menos, assim ficou implícito.

Nessa ordem de ideias, ainda que se admitisse a culpa concorrente significaria que não é excludente da responsabilidade da culpa consciente do motorista. Não importa, agora, se bebeu, se deixou de beber, mesmo porque, segundo o Senhor Ministro-Relator e o relatório, e não há dúvida sobre isso, ficou afastada a hipótese do art. 306, Código Penal.

Senhores Ministros, mesmo se admitisse a culpa concorrente, não é excludente da responsabilidade penal, pela imprudência com a qual se conduzia o réu, ou seja, o condutor do veículo causador do acidente.

O comportamento dele poderia evitar ou modificar o resultado? Sim, bastaria que tivesse mais cautela, que não passasse dos 40 km/h recomendados; que se lembrasse, porque ele ia na Sede dos Juízes da Justiça Federal do Rio de Janeiro com frequência, tanto que sabia que havia um lugar para dormitar, que a rua era movimentada e, segundo ficou esclarecido, estreita e sem acostamento. Se era rua, avenida, ou estrada, pouco importa. O que importa são as circunstâncias de fato que não foram contestadas. Se ele podia impedir o resultado, evidentemente é culpável.

Por outro lado, no que se refere à majorante por omissão – e peço vênias para, começar nesse ponto, divergir do eminente Relator e aderir às colocações feitas pelo Senhor Ministro Sálvio de Figueiredo Teixeira. Pois, o art. 302, parágrafo único, diz:

> *No homicídio culposo cometido na direção de veículo automóvel, a pena é aumentada de um terço.*

Evidentemente, não tem mínimo e máximo, ela é concretamente aumentada de um terço, quando o réu

> *III – deixar de prestar socorro quando possível fazê-lo sem risco pessoal.*

Ora, não é comportamento de imposição facultativa. É obrigação legal: prestará o socorro.

O que se argumentou, e, nesse particular, com a visão pragmática, os eminentes Ministros Barros Monteiro e Humberto Gomes de Barros, para escusar o comportamento do réu, tem base em duas razões: a primeira, não estaria demonstrado que não prestou o socorro; a segunda, o socorro, afinal, foi prestado por terceiros, com a chegada de ambulância.

Na minha interpretação sistêmica, quando a disposição diz: *"Deixar-se de prestar socorro, quando possível..."*, há uma obrigação implícita de prestar o socorro, só escusável quando possa levar o próprio prestador do socorro obrigado por lei a não fazê-lo, para não se colocar em risco, ou seja, diante da equivalência dos direitos tutelados: a sua vida ou integridade física e a da vítima.

Ora, em se tratando de obrigação de prestar os primeiros socorros é do causador do acidente, ditada pela chamada "solidariedade social objetiva", no caso, o próprio réu – a rua era movimentada – ou pedindo socorro, com a participação de terceiros. Todavia, ao contrário, saiu do local. Tanto que, perseguido por Rugovski, que buzinou insistentemente, só então o réu voltou. Enfim, somente voltou por causa do buzinaço do Rugovski. Em voltando, aí sim, estavam presentes terceiros. Mas, insista-se, a lei exige prestação de socorro pelo réu. No caso, quem agiu com solidariedade objetiva foi a viúva. De efeito, quando o réu voltou, forçado pelo buzinaço – não porque quisesse, antes estava fugindo. Logo, segundo a disposição legal, não prestou a solidariedade imediata e exigida pela lei, quer direta ou indiretamente, inclusive, omitindo-se de prestar esclarecimentos e passar informações necessárias para se identificar como autor do fato e evitando suspeitas indevidas e contribuindo para a assistência à vítima.

A lei quer que não haja fuga e ofereça o socorro. É a realidade clara e precisa, para que as consequências, pelo menos, sejam minoradas.

No meu entender, houve a omissão, e a presença da ambulância ou a prestação dos primeiros socorros por terceiros não supre a falta da presença e da atenção direta ou indireta do réu.

E desatendendo a "solidariedade social objetiva", em casos tais, exigida como objeto de específica tutela jurídica (dever), está tipificada a majorante da pena privativa de liberdade.

Nesta linha de argumentação, na primeira parte do seu voto, acompanho integralmente o eminente Ministro-Relator. Outrossim, manifesto expressa adesão à proposição divergente do Senhor Ministro Sálvio de Figueiredo Teixeira no sentido de reconhecer a ocorrência da omissão, com o aumento de um terço porque não é mínimo nem máximo – na pena concretamente aplicada, e, quanto à substituição da pena, como as disposições legais autorizam, também concordo com a solução final.

VOTO-VENCIDO (EM PARTE)
O SR. MINISTRO CESAR ASFOR ROCHA:

Sr. Presidente, ouvi atentamente as manifestações dos eminentes Ministros, do ilustre Subprocurador-Geral da República, Dr. Francisco Adalberto Nóbrega, e do eminente Advogado.

Não tenho, com o maior respeito, por configurada a omissão de socorro, uma vez que não confiro à vacilação, que foi aqui salientada pelo Sr. Ministro Humberto Gomes de Barros, essa omissão de socorro.

Por isso, peço vênia à divergência para acompanhar o voto do eminente Sr. Ministro-Relator.

Julgo procedente em parte a denúncia.

VOTO
O EXMO. SR. MINISTRO FELIX FISCHER:

Sr. Presidente, acompanho o voto do Sr. Ministro Sálvio de Figueiredo Teixeira com o adendo dos votos dos Srs. Ministros Milton Luiz Pereira e Ari Pargendler, acrescentando que a majorante prevista não tem exatamente a mesma estrutura do crime de omissão de socorro. No caso, realmente, trata-se de deixar de prestar atendimento.

VOTO
EXMO. SR. MINISTRO FRANCISCO FALCÃO:

Sr. Presidente, a materialidade está configurada, o próprio réu confirmou o crime – dirigia em velocidade superior à permitida em uma via estreita e perigosa – e houve omissão de socorro, principalmente em se tratando de um magistrado que deveria dar o bom exemplo.

Com essas considerações, acompanho o voto do eminente Sr. Ministro Sálvio de Figueiredo Teixeira, com os acréscimos feitos no brilhante voto do Sr. Ministro Milton Luiz Pereira.

EXTRATO DA ATA
AP nº 189 – RS – Rel.: Ministro Garcia Vieira. Autor: Ministério Público Federal. Réu: Manoel Velocino Pereira Dutra.

Decisão: A Corte Especial, por maioria, vencidos parcialmente o Sr. Ministro Relator, o Sr. Ministro Revisor e os Srs. Ministros Barros Monteiro, Humberto Gomes de Barros, Cesar Asfor Rocha, Vicente Leal e Nilson Naves, julgou procedente, em parte, a denúncia, impondo ao réu a pena de 2 (dois) anos de detenção majorada de 1/3 (um terço), tornando-a assim definitiva em 2 anos e 8 meses de detenção e substituindo-a, com observância de igual prazo, pelas penas restritivas de direitos, previstas nos incisos IV e V do art. 43 do Código Penal, consistente a última na suspensão de habilitação para dirigir veículo.

Por unanimidade, delegou-se a execução ao Sr. Desembargador--Presidente do Tribunal de Justiça do Estado do Rio Grande do Sul, a quem os autos deverão ser remetidos tão logo se opere o trânsito em julgado.

Afirmou suspeição o Sr. Ministro Ruy Rosado de Aguiar.

Os Srs. Ministros Francisco Peçanha Martins, Milton Luiz Pereira, Ari Pargendler, José Arnaldo da Fonseca, Fernando Gonçalves, Felix Fischer, Eliana Calmon, Francisco Falcão e Antônio de Pádua Ribeiro votaram com o Sr. Ministro Sálvio de Figueiredo Teixeira.

Ausentes, justificadamente, os Srs. Ministros Edson Vidigal e José Delgado.

Presidência do Senhor Ministro Paulo Costa Leite. Presentes à sessão os Senhores Ministros Garcia Vieira, Barros Monteiro, Humberto Gomes de Barros, Cesar Asfor Rocha, Vicente Leal e Nilson Naves, Ruy Rosado de Aguiar, Francisco Peçanha Martins, Milton Luiz Pereira, Ari Pargendler, José Arnaldo da Fonseca, Fernando Gonçalves, Felix Fischer, Eliana Calmon, Francisco Falcão e Antônio de Pádua Ribeiro e Sálvio de Figueiredo Teixeira.

Subprocurador-Geral da República, Dr. Francisco Adalberto Nóbrega.

Azelma Elvira Montenegro de Souza França, Secretária.

PROCESSUAL PENAL E PENAL – ACIDENTE DE TRÂNSITO – ATROPELAMENTO – CULPA DO CONDUTOR – PROVA DUVIDOSA E INSUFICIENTE – HOMICÍDIO CULPOSO – ABSOLVIÇÃO – APLICAÇÃO DO AFORISMO *IN DUBIO PRO REO* – OMISSÃO DE SOCORRO – DELITO CONFIGURADO – PRESCRIÇÃO RETROATIVA DA PRETENSÃO PUNITIVA – PENA *IN CONCRETO* – PRAZO IMPLEMENTADO – EXTINÇÃO DA PUNIBILIDADE

APELAÇÃO CRIMINAL Nº 2.289/2005
Tribunal de Justiça do Amapá
Relator: Desembargador Mário Gurtyev
Apelante: Jaci da Cruz Monteiro
Apelada: Justiça Pública

EMENTA

Processual Penal e Penal – Acidente de trânsito – Atropelamento – Culpa do condutor – Prova duvidosa e insuficiente – Homicídio culposo – Absolvição – Aplicação do aforismo *in dubio pro reo* – Omissão de socorro – Delito configurado – Prescrição retroativa da pretensão punitiva – Pena *in concreto* – Prazo implementado – Extinção da punibilidade.

1. Quando a prova produzida se mostra insuficiente e deixa sérias dúvidas sobre a culpa imputada ao condutor do veículo envolvido no atropelamento, por aplicação do aforismo *in dubio pro reo*, sua absolvição pelo homicídio culposo se torna imperiosa.

2. Embora cabalmente provado o delito de omissão de socorro, impõe-se reconhecer a prescrição retroativa da pretensão punitiva estatal, para extinguir a punibilidade, se, entre o recebimento da denúncia e a publicação da sentença condenatória, o prazo prescricional pela pena *in concreto* se implementou.

ACORDÃO

Vistos e relatados os autos, a CÂMARA ÚNICA DO TRIBUNAL DE JUSTIÇA DO ESTADO DO AMAPÁ, reunida ordinariamente, conheceu da apelação e, dando-lhe parcial provimento, absolveu o apelante quanto ao crime de homicídio culposo e reconheceu a prescrição retroativa da pretensão punitiva, pela pena *in concreto*, em relação ao de omissão de socorro, declarando extinta a punibilidade, tudo à unanimidade e nos termos do voto proferido pelo Relator.

Participaram do julgamento os Excelentíssimos Senhores Desembargadores Dôglas Evangelista (Presidente), Mário Gurtyev (Relator), Gilberto Pinheiro (1º Vogal) e Luiz Carlos (2º Vogal).

Macapá (AP), 14 de fevereiro de 2006.

DÔGLAS EVANGELISTA, Presidente

MÁRIO GURTYEV, Relator.

RELATÓRIO

JACI DA CRUZ MONTEIRO, qualificado nos autos, foi denunciado pela prática de homicídio culposo em acidente de trânsito, sob a acusação de que em 1º.08.2000, por volta das 15:30 horas, conduzindo um automóvel em alta velocidade pela Avenida Tancredo Neves, Município de Laranjal do Jari, atropelou a vítima Hildebrando Alves de Araújo, causando-lhe a morte.

Concluída a instrução, o Juízo a quo concluiu pela culpabilidade do réu, não só em relação ao homicídio culposo, mas também pelo crime de omissão de socorro, enfatizando que essa infração restou descrita na denúncia e que fora devidamente controvertida pela defesa.

Por isso, condenou JACI DA CRUZ MONTEIRO pelos delitos descritos nos arts. 302 e 304, do Código de Trânsito Brasileiro, impondo-lhe a pena de dois anos e seis meses de detenção, em regime aberto, substituindo-a pela prestação de serviços à comunidade e pela proibição de frequentar bares, boates e similares, além da suspensão de sua habilitação pelo mesmo tempo da pena privativa de liberdade.

Irresignado, o réu apelou do *decisum*, em cujas razões defendeu a tese de que o evento letal decorreu de culpa exclusiva da vítima, pelo fato desta haver atravessado a avenida, saindo de trás de um veículo, sem olhar para os lados. Por isso, requereu o provimento do apelo, para reformar a sentença fustigada e absolvê-lo das imputações.

Em contrarrazões, o órgão ministerial enfatizou a insuficiência de provas em relação ao homicídio culposo e a cabal configuração do crime de omissão de socorro. Ao final, propugnou pelo provimento parcial do recurso, para absolver o apelante da imputação de homicídio culposo, mantendo a condenação em relação à omissão de socorro.

A d. Procuradoria de Justiça circundou a manifestação de seu órgão de primeiro grau, mas observou a configuração da prescrição retroativa da pretensão punitiva estatal, pela pena *in concreto*, em relação ao crime de omissão de socorro. Destarte, opinou pelo conhecimento e provimento parcial da apelação, tão somente para absolver o apelante pelo crime de homicídio culposo, mantendo a condenação no que tange à omissão de socorro, mas declarando, entretanto, a prescrição da pretensão punitiva desse crime.

Tenho por relatado.

VOTOS
O EXCELENTÍSSIMO SENHOR DESEMBARGADOR MÁRIO GURTYEV (RELATOR):

Senhor Presidente. Eminentes pares. Senhor Procurador de Justiça. Vendo presentes todos os pressupostos de admissibilidade, objetivos e subjetivos, conheço do apelo.

O EXCELENTÍSSIMO SENHOR DESEMBARGADOR GILBERTO PINHEIRO (1º VOGAL):

Conheço.

O EXCELENTÍSSIMO SENHOR DESEMBARGADOR LUIZ CARLOS (2º VOGAL):

Também conheço.

O EXCELENTÍSSIMO SENHOR DESEMBARGADOR MÁRIO GURTYEV (RELATOR):

No respeitante ao mérito, antecipo que o provimento parcial do apelo é medida que se impõe, conforme motivação que passo a expender.

A materialidade e autoria do fato caracterizador do crime de homicídio culposo objeto deste processo são incontestes, uma vez que o apelante não negou ser o condutor da camionete Ford Courier que, em 1º.08.2000, na Avenida Tancredo Neves, na cidade de Laranjal do Jari, atropelou a vítima Hildebrando Alves de Araújo, provocando-lhe as lesões que deram causa à sua morte.

Todavia, não se pode esquecer que, em nosso ordenamento jurídico, no âmbito do direito penal, a culpa do agente não se presume, de sorte que, para ensejar condenação, deve restar cabalmente demonstrada. Nesse rumo, têm decidido os tribunais pátrios, inclusive o Egrégio Superior Tribunal de Justiça, conforme revela o seguinte aresto:

> *RECURSO EM* HABEAS CORPUS – *HOMICÍDIO CULPOSO –... omissis... – CULPA PRESUMIDA E RESPONSABILIDADE PENAL OBJETIVA – INEXISTÊNCIA – TRANCAMENTO DA AÇÃO PENAL – RECURSO PROVIDO –* (STJ – 5ª Turma – RHC nº 11.397/SP – Rel. Ministro José Arnaldo da Fonseca – Julg. de 11.09.2001 – Unânime – DJ de 29.10.2001, p. 219 – *in* Site do STJ/Jurisprudência)

No caso concreto, embora seja deveras lamentável o ocorrido com a vítima Hildebrando Alves de Araújo, o certo é que o conjunto probatório não contém elementos que deixem suficientemente clara qualquer parcela de culpa do apelante no nefasto acidente.

A denúncia se embasou nas declarações de Milton César Barbosa Braz, prestadas no inquérito, dando conta de que o apelante conduzia o veículo em alta velocidade e que colidiu com a vítima quando esta já se encontrava do outro lado da avenida que acabara de atravessar.

No entanto, ao depor em Juízo (fl. 79), a referida testemunha presencial esclareceu que a vítima atravessou a avenida correndo e que foi atropelada, ainda na mão de direção do veículo conduzido pelo apelante, quando este ultrapassava outro veículo que saía do acostamento. Isso, aliás, é o que se extrai dos trechos desse depoimento em Juízo, que passo a ler. *Verbis*:

> *... que a vítima pediu dinheiro ao depoente para comprar cigarros, ocasião em que, ao atravessar a Av. Tancredo Neves, foi atingida pelo veículo conduzido pelo réu;... que a vítima atravessou a rua correndo;... que haviam dois veículos na frente do veículo conduzido pelo réu; que um dos veículos estava parado e o outro estava saindo; que nesse momento o réu efetuou a manobra para ultrapassar o veículo que estava saindo, ocasião em que atingiu a vítima; que o veículo conduzido pelo réu fez a ultrapassagem na sua própria via, isto é, sem ficar na contramão;...* (Depoimento em Juízo de Milton César Barbosa Braz – fl. 79)

O apelante, por sua vez, sustenta a versão de que a colisão fora inevitável e decorreu de culpa exclusiva da vítima que, de inopino, saiu de trás de um veículo parado e, sem olhar para os lados, atravessou a avenida. Essa versão restou corroborada pelas declarações que o passageiro do veículo, a testemunha Jair Antônio Figueiredo dos Santos, prestou à autoridade policial (fl. 06), conforme se extrai do seguinte trecho, *in verbis*:

> *... que trafegavam na Av. Tancredo Neves e que... a vítima... saiu de trás de um veículo que estava parado na referida avenida, praticamente correndo sem olhar para os lados... quando o veículo que JACI conduzia colidiu com a vítima, não podendo o condutor do veículo evitar o acidente;...* (Depoimento no inquérito de Jair Antônio Figueiredo dos Santos – fl. 06)

Lamentavelmente, não há como aferir se a velocidade do veículo era ou não compatível com as condições de tráfego do momento, uma vez que não foi realizado exame pericial no local do evento. E essa circunstância, por sinal de grande relevância, não pode resultar caracterizada somente da declaração de uma das testemunhas de que o veículo se encontrava em alta velocidade e nem dos ferimentos experimentados pela vítima em sua cabeça.

É certo que soa estranho o apelante, em Juízo, haver acrescentado a informação de que atropelou a vítima quando tentava ultrapassar um ônibus, já que ninguém mencionou a presença de um veículo desse porte. Contudo, entendo que essa divergência com o depoimento prestado no inquérito não serve para respaldar a conclusão de que agiu com culpa. Na verdade, apenas acrescenta mais uma às diversas questões não esclarecidas sobre a dinâmica dos fatos.

Com efeito, extrai-se dos autos, sem a menor dúvida, que a vítima contribuiu para o evento letal, eis que atravessou correndo e desatenta a movimentada Avenida Tancredo Neves. Todavia, não há elementos nos autos que ajudem a esclarecer se sua culpa foi exclusiva, o que afastaria a do apelante, ou se apenas concorrente, hipótese em que a responsabilidade penal persistiria, mas ensejaria a atenuação da pena.

Assim, persistem sérias dúvidas sobre o que de fato aconteceu por ocasião do lamentável atropelamento e morte da vítima Hildebrando Alves de Araújo, pois as versões acusatória e defensiva não se encontram suficientemente demonstradas no conjunto probatório.

Portanto, considerando essa evidente dúvida, tenho que o mais prudente é pautar-se esta Corte pelo aforismo *in dubio pro reo*, para reformar parcialmente a sentença e absolver o apelante da acusação de homicídio culposo, mormente porque essa é a orientação da jurisprudência em situações semelhantes, inclusive no âmbito desta Corte e do Egrégio Superior Tribunal de Justiça, conforme mostram os seguintes precedentes:

PROCESSUAL PENAL – AUTORIA DELITIVA – Ausência de prova – Aplicação do aforismo in dubio pro reo *–... omissis... –*

1) Inexistindo nos autos prova segura ou pelo menos razoável de quem foram os autores de um furto qualificado, imperiosa se mostra a confirmação da sentença absolutória, com fundamento no aforismo in dubio pro reo – *2)... omissis...* – (TJAP – Câmara Única – Acr nº 1.845/2004 – Rel. Desembargador Mário Gurtyev – Julg. de 18.05.2004 – DOE de 14.06.2004 – Portal do TJAP/Jurisprudência)

PENAL – CRIME CULPOSO – CONFIGURAÇÃO DUVIDOSA – ABSOLVIÇÃO – Ainda que o seja pelo favor da dúvida, no confronto da perícia com a contraprova a valorizar-se, cabe absolver o réu, a quem não se atribui participação direta no resultado danoso – (STJ – 5ª Turma – REsp nº 80.865/RJ – Rel. Ministro José Dantas – Julg. de 03.12.1996 – Unânime – DJ 25.08.1997, p. 39.399 – LEXSTJ 101/341 – Site do STJ/Jurisprudência)

PENAL –... omissis... – DÚVIDA ACERCA DA AUTORIA – RECURSO ESPECIAL – 1) Havendo dúvida acerca da autoria, deve imperar o princípio do in dubio pro reo – *2) Recurso Especial não provido* – (STJ – 5ª Turma – REsp nº 171.995/DF – Rel. Ministro Edson Vidigal – Julg. de 21.09.1999 – Unânime – DJ de 18.10.1999, p. 252 – *in* Site do STJ/Jurisprudência)

Por outro lado, o Juiz sentenciante laborou com acerto ao condenar o apelante pela prática do crime de omissão de socorro, previsto no art. 304, do Código de Trânsito Brasileiro. É que a prova oral coligida é uníssona em afirmar que, após o atropelamento, ele desceu do veículo, olhou para a vítima caída e saiu do local sem adotar qualquer providência no sentido de socorrê-la.

Procurou o apelante, é verdade, dar versão diferente para esse seu comportamento, alegando que deixara o local, porque se encontrava na iminência de ser agredido por populares. No entanto, não se desincumbiu do ônus de provar tal justificativa que, por sinal destoa, como já assinalado, do que afirmaram as testemunhas, de sorte que a sentença deve ser mantida nessa parte, inclusive no que pertine ao quantitativo da pena privativa de liberdade nela fixada.

Entretanto, como bem observou o ilustre Procurador de Justiça JAIME HENRIQUE FERREIRA, o apelante já não pode ser penalizado pela prática do delito de omissão de socorro, eis que implementado o prazo da prescrição retroativa da pretensão punitiva do Estado que, como se sabe, é regulado pela pena *in concreto*.

Veja-se que, pela prática do crime de omissão de socorro, tipificado no art. 304, do Código de Trânsito Brasileiro, o apelante foi condenado à pena privativa de liberdade de seis meses de detenção. Ocorre que, conforme se extrai do despacho proferido à fl. 02 e do termo lavrado à fl. 108, a denúncia foi recebida em 15.10.2001 e a sentença condenatória foi publicada em 05.04.2004.

Como se vê, a pena privativa de liberdade aplicada ao apelante foi inferior a um ano, de sorte que a prescrição da pretensão punitiva se aperfeiçoaria em dois anos, consoante o disposto no inc. VI, do art. 109, do Código Penal Brasileiro. Assim, decorridos mais de dois anos e cinco meses entre o recebimento da denúncia e a publicação da sentença condenatória, impõe-se reconhecer que, nesse interregno, ex VI do disposto no art. 100, § 1º, do Código Penal, operou-se a denominada prescrição retroativa da pretensão punitiva do Estado. Destarte, por força do disposto no art. 107, inc. IV, do mesmo estatuto penal, imperiosa se torna a extinção da punibilidade em relação ao crime de omissão de socorro.

Ex positis, provejo parcialmente a apelação, para, reformando a sentença, com fundamento no art. 386, inc. IV, do Código de Processo Penal, absolver o apelante do crime de homicídio culposo (CTB, art. 302), mantendo, no entanto, a condenação pela prática do crime de omissão de socorro, descrito no art. 304, do Código de Trânsito Brasileiro. Todavia, por força da prescrição retroativa da pretensão punitiva, escorado no art. 107, inc. IV, do Código Penal, decreto a extinção da punibilidade desse último delito.

Este é o meu voto.

O Excelentíssimo Senhor Desembargador GILBERTO PINHEIRO (1º Vogal) – Acompanho o Relator.

O Excelentíssimo Senhor Desembargador LUIZ CARLOS (2º Vogal) – Também acompanho.

EXTRATO DA ATA

Apelação Criminal nº 2.289/2005 – AP – Rel.: Desembargador Mário Gurtyev. Apte.: Jaci da Cruz Monteiro. Apda.: Justiça Pública.

Decisão: A Câmara Única conheceu da apelação e, dando-lhe parcial provimento, absolveu o apelante quanto ao crime de homicídio culposo e reconheceu a prescrição retroativa da pretensão punitiva em relação ao de omissão de socorro, declarando extinta a punibilidade, tudo à unanimidade e nos termos do voto proferido pelo Relator.

Presidência do Senhor Desembargador Dôglas Evangelista. Presentes à sessão os Senhores Desembargadores Mário Gurtyev, Gilberto Pinheiro e Luiz Carlos.

⪻⬥⪼

CRIMES DE TRÂNSITO – OMISSÃO DE SOCORRO – FUGA DO LOCAL DO ACIDENTE – PARTICIPAÇÃO EM RACHA – CONDUTAS ATÍPICAS – BENEFÍCIO DA TRANSAÇÃO PENAL INCABÍVEL – CONTRAVENÇÃO PENAL DE DIREÇÃO PERIGOSA EM VIA PÚBLICA – DESCLASSIFICAÇÃO OPERADA – RECURSO PROVIDO PARCIALMENTE.

APELAÇÃO CRIMINAL Nº 2006.011873-8/0000-00
Primeira Turma Criminal do Tribunal de Justiça do Mato Grosso do Sul
Relator: Desembargador Gilberto da Silva Castro
Apelante: Emerson Aparecido Verderosi
Apelado: Ministério Público Estadual

EMENTA

CRIMES DE TRÂNSITO – OMISSÃO DE SOCORRO – FUGA DO LOCAL DO ACIDENTE – PARTICIPAÇÃO EM RACHA – CONDUTAS ATÍPICAS – BENEFÍCIO DA TRANSAÇÃO PENAL INCABÍVEL – CONTRAVENÇÃO PENAL DE DIREÇÃO PERIGOSA EM VIA PÚBLICA – DESCLASSIFICAÇÃO OPERADA – RECURSO PROVIDO PARCIALMENTE.

Sendo o total das penas, em abstrato, superior a dois anos, fica afastada, de plano, a competência dos Juizados Especiais e consequentemente a possibilidade do benefício da transação penal.

Para caracterização do crime de omissão de socorro em acidente automobilístico, é necessário que haja vítima, ainda que com lesões leves.

Se ao fugir do local do acidente tem sua identificação ou a do veículo ocorrida, não há crime, em face da necessidade de ser a fuga eficaz.

No crime de participação em disputa ou competição automobilística não autorizada, exige-se a participação de pelo menos dois motoristas, em face de ser crime de concurso necessário.

Na perseguição de um veículo a outro, em via pública, em alta velocidade, e notadamente se um deles provoca um acidente sem vítimas, ocorre à transgressão da contravenção penal de direção perigosa, prevista no artigo 34 da Lei de Contravenções Penais.

ACÓRDÃO

Vistos, relatados e discutidos estes autos, acordam os juízes da Primeira Turma Criminal do Tribunal de Justiça, na conformidade da ata de julgamentos e das notas taquigráficas, por unanimidade, contra o parecer, dar provimento parcial ao recurso.

Campo Grande, 12 de dezembro de 2006.

MARILZA LÚCIA FORTES, Presidente.

GILBERTO DA SILVA CASTRO, Relator.

RELATÓRIO

O SR. DES. GILBERTO DA SILVA CASTRO:

Emerson Aparecido Verderosi foi condenado à pena de 9 meses de detenção e 15 dias-multa na base de 1/6 do salário mínimo para cada dia e suspensão do direito de dirigir veículo automotor pelo mesmo período, tendo sido substituída a pena privativa de liberdade por restritiva de direito, consistente em pagamento de R$ 2.000,00 em favor de creche ou asilo ou serviço à comunidade, a ser fixado em audiência admonitória, à razão de uma hora por dia de pena, como incurso nas sanções dos arts. 304, 305 e 308 do Código de Trânsito, Lei 9.503/97.

Irresignado com o édito condenatório (fls. 193-201), manejou o recurso de apelação, oferecendo as razões de fls. 207-209, visando a sua absolvição por não se configurar conduta delitiva.

O Ministério Público apresentou contrarrazões de fls. 212-215, rebatendo as razões e pugnando pela manutenção da sentença, enquanto que a assistência da acusação manifestou-se às fls. 226-229, requerendo o improvimento do apelo.

A Procuradoria de Justiça, em parecer da lavra do Dr. Paulo Shosey Arakaki, opinou pelo improvimento do recurso (fls. 235-242).

Na sessão de julgamento, após a sustentação oral e a juntada de memorial em que o advogado suscitou preliminar ligada ao direito de oportunizar-se ao acusado a transação penal, o que não fora objeto das razões recursais, o julgamento foi adiado para análise dessa arguição, abrindo-se nova vista à Procuradoria de Justiça.

O douto Procurador de Justiça oficiante ratificou o parecer (fls. 263-264).

VOTO

O SR. DES. GILBERTO DA SILVA CASTRO (RELATOR):

Emerson Aparecido Verderosi foi denunciado pelo Ministério Público Estadual porque, no dia 29 de agosto de 2004, conduzindo o veículo Chevrolet GMC 3500, por razões não esclarecidas suficientemente, iniciou uma perseguição, por cerca de 7 quilômetros, sendo parte em estrada de terra e parte na cidade, ao veículo da vítima Luiz Henrique Lazarini, que conduzia outra camionete S/10, na qual encontravam-se, além de sua esposa, dois filhos menores, e, após ultrapassá-lo, diminuiu a marcha e fez sinal para que Luiz o ultrapassasse e, ao fazê-lo, o apelante fechou aquele veículo, causando uma colisão entre os dois, vindo a camionete da vítima a rodopiar por três vezes na pista, parando, em seguida, sendo que Emerson não prestou socorro, fugindo do local.

Examino, por primeiro, a alegação, feita na tribuna e contida no memorial juntado, de que o fato de ter sido oportunizado ao acusado o benefício do *sursis* processual não dispensava que tivesse direito ainda ao benefício da transação penal, prevista no art. 76 da Lei 9.099/95.

Sem razão o apelante.

No caso, o acusado obteve a suspensão condicional do processo (f. 95), que foi revogada pelo juiz por descumprimento das condições estabelecidas na audiência de suspensão (f. 99).

Nada obstante a defesa dizer que não são incompatíveis o instituto da suspensão do processo com o da transação, não haveria como se proceder à suspensão e ao mesmo tempo transacionar.

Por outro lado, a estas alturas não seria mais possível se proceder à transação, uma vez que passou o momento processual. A transação pode ser proposta pelo Ministério Público, antes do oferecimento da denúncia, nos termos do art. 76 da Lei 9.099/95.

Anoto que não havia possibilidade da proposta de suspensão do processo, efetuada pelo Ministério Público e admitida pelo magistrado, uma vez que vigora a exigência de que, nos casos de crime continuado, concurso formal e material, a soma das penas não seja superior a 1 ano, o que não ocorria no caso em tela, conforme as Súmulas 243 do STJ e 723 do STF.

Esta ação penal teve início no Juízo comum, com denúncia implicando o acusado na prática de infrações penais, em concurso material, cujas penas privativas de liberdade, em abstrato, superam dois anos, de maneira que ficou afastada, desde o início, a competência dos Juizados Especiais. O instituto da transação penal só se aplica quando é do Juizado Especial Criminal a competência originária para conhecimento do feito.

Da mesma forma, exige-se para a transação penal, prevista no art. 89 da referida lei, que a pena somada não ultrapasse a 2 anos, o que não era o caso dos autos.

Rejeito, pois, essa arguição defensiva feita, por sinal, a destempo, e passo ao exame das questões agitadas nas razões da apelação.

O apelante foi condenado porque, sem explicações plausíveis, ao ser ultrapassado pelo veículo da vítima, iniciou uma perseguição a ele, por uma estrada sem pavimentação asfáltica, tentando ultrapassá-lo, não se sabe com que intuito, só vindo a fazê-lo quando já no perímetro urbano com piso de asfalto.

Consta que depois de ultrapassar o veículo da vítima, teria diminuído a marcha, fazendo sinal para que aquele o passasse, ocasião em que o "fechou", provocando uma colisão entre eles.

Depois disso, não se importou com o ocorrido, deixando o local dos fatos, sem prestar socorro. Por isso foi denunciado nas sanções dos artigos 304, 305 e 308 do Código de Trânsito, Lei 9.503/97, tendo sido condenado.

No recurso alega que sua conduta não se amolda aos tipos penais dos referidos artigos. A conduta do apelante foi deplorável, visto que, ainda que tivesse praticado como revide, não tinha o direito de fazê-lo, da forma como o fez, perseguindo em alta velocidade o veículo da vítima, colocando em risco a integridade física deste e de seus familiares, assim como a sua própria e a dos demais ocupantes do veículo por ele dirigido.

Esses entreveros de trânsito, invariavelmente, resultam em gravíssimos desfechos, inclusive com mortes provocadas por ações impensadas e irresponsáveis. Evidente que sua conduta merece reprimenda civil, com a responsabilização pelos danos materiais, visto que obrou com dolo ao provocar o acidente que causou danos ao veículo de Luiz Henrique.

Todavia, na esfera penal, só subsiste a contravenção penal do art. 34 da LCP, no lugar do crime do art. 308 da Lei 9.503/97.

Quanto ao crime do art. 304, omissão de socorro, o seu parágrafo único estabelece que subsiste o crime, ainda que sua omissa seja suprida por terceiros ou que se trate de vítima com morte instantânea ou com ferimentos leves.

Diz a doutrina que essa exigência a respeito da vítima de morte é de duvidosa constitucionalidade.

Essa norma foi feita com base na Convenção de Viena sobre o comportamento do motorista em caso de acidente, que no art. 31, nº 1, letra "d", estabelece:

> *Todo condutor ou qualquer outro usuário da via, implicado num acidente de trânsito, deverá, se houve resultado ferida ou morta alguma pessoa no acidente, advertir a Polícia e permanecer ou voltar ao local do acidente até a chegada desta, a menos que tenha sido autorizado por esta para abandonar o local ou que deve prestar auxílio aos feridos ou ser ele próprio socorrido.*

Independente disso e, como se vê da norma mencionada, para a caracterização do crime de omissão de socorro, deve haver vítima. Sem vítima, mesmo que com lesão leve, a conduta não pode ser subsumida ao tipo penal, uma vez que não haverá omissão de socorro. O dever de prestar socorro à vítima, também é infração administrativa prevista no art. 176, I, da mesma lei, estando implícito no próprio tipo penal "prestarás imediato socorro à vítima".

Dessa forma, o dever de assistência, nos termos do citado artigo 176, I, do CT, é determinado ao "condutor envolvido em acidente com vítima".

Por outro lado, a omissão de socorro previsto no art. 304 do CT é atribuída ao motorista envolvido em acidente com vítima, sem culpa, uma vez que, se a sua conduta é culposa, estará sujeito ao crime do art. 303 do CT, que prevê a lesão corporal culposa na direção de veículo automotor, com o agravamento do parágrafo único III do art. 302 do CT, se houver omissão de socorro e, se houve morte, no próprio art. 302, que cuida do homicídio culposo na direção de veículo automotor.

No caso dos autos, a conduta do apelante foi dolosa, pois conscientemente jogou seu veículo em cima do veículo da vítima, provocando o acidente. Então, se tivesse havido vítima, estaria sujeito às sanções do art. 129 do Código Penal.

Diz Alexandre de Morais e Giampaolo Poggio Smanio, em **Legislação Penal Especial**, Ed. Atlas, 5ª ed. 2002, p. 225 *verbis*:

> *Sujeito ativo é o condutor de veículo envolvido em acidente com vítima. Pode ser qualquer pessoa, habilitada ou não. Não é o causador do acidente com homicídio culposo ou lesão corporal culposa. É o condutor "sem culpa" envolvido no acidente.*

Se o autor do homicídio culposo ou lesão corporal culposa não prestar socorro à vítima, responderá pela pena agravada" (arts. 302, § único, III e 303, § único, do CTB).

Diante disso, é de se dar provimento nesta parte ao recurso.

O outro crime atribuído ao apelante é o do art. 305 do CT, que prevê a fuga do motorista do local do acidente, com o fim de fugir à responsabilidade penal ou civil que lhe possa ser atribuída.

A justificativa do apelante para deixar o local, de que teve medo da vítima, não se segura, uma vez que esta não demonstrou nenhuma reação à perseguição que sofrera por parte dele.

No entanto, a doutrina de Damásio Evangelista de Jesus e de Alexandre de Morais e Gianpaolo Poggio Smanio, *ob. cit.* p. 229, exige-se a eficácia da fuga. "Exige-se a eficácia da fuga. OU seja, se o motorista já foi identificado, ou as placas do carro anotadas, por exemplo, não ocorrerá o crime".

Damásio E. de Jesus – p. 143 – "A fuga do local do acidente deve ser eficaz, no sentido de impedir a descoberta da autoria do fato, eximindo o motorista da responsabilidade penal ou civil que lhe possa ser atribuída. Se ele foge, porém alguém anotou os dados de identificação do veículo, o afastamento é inócuo, não havendo razão para a punição penal".

Como demonstram os autos, o veículo do apelante foi identificado no momento do acidente.

Isso é comprovado pelo fato de o B. O. (fl. 7) já trazer o nome do apelante. Marluce Queiroz Silva, ouvida à fl. 13, disse:

...Que, segundo o condutor do veículo S/10 o autor dos fatos foi o condutor de uma Silverado, no entanto não disse o nome do mesmo, somente sua esposa é quem narrou que, no veículo causador do acidente estava escrito "Madeireira Três Irmãos"...

Daysy Maria Bortolozo (fl. 27), esposa de Luiz Henrique, afirmou:

"Que imediatamente a declarante acionou a polícia, sendo que foram encaminhadas a esta Delegacia de Polícia onde registraram a ocorrência, sendo que enquanto estavam nesta unidade aqui compareceu um irmão do autor e a namorada deste, ocasião em que esta disse que haviam estado o dia inteiro no rancho bebendo e andando de jet ski, *inclusive perderam este pelo caminho..."*

Então está comprovado que o apelante ou seu veículo foi identificado no momento da colisão ou logo após, fato este que desnatura o crime, segundo os doutrinadores mencionados.

Restou o crime do art. 308 do Código de Trânsito, no qual se pune a conduta relativa à disputa ou competição automobilística não autorizada, popularmente conhecida como "racha".

Essa figura, da mesma forma que as demais, não se enquadra na conduta praticada pelo apelante, uma vez que para este crime é necessário o concurso de duas ou mais pessoas, sendo que se o enquadrarmos, obrigatoriamente teríamos que enquadrar também a vítima.

Por outro lado, não houve disputa de corrida, "racha" ou "pega" entre os dois veículos. O que houve foi uma perseguição do apelante contra a vítima, sem que estivessem apostando corrida, nos moldes das que invariavelmente ocorrem entre jovens, normalmente de cidades grandes.

Enquanto Emerson perseguia, Luiz Henrique procurava fugir dele. Evidente que aquela atitude colocou em risco, como já dito, a integridade física do autor e dos ocupantes do veículo dirigido por ele, da vítima e dos ocupantes de seu veículo, assim como a incolumidade pública, mas com isto praticou a contravenção penal do art. 34 da LCP, relativa à direção perigosa, na qual, aliás, estava previsto tal modalidade, antes do art. 308 do CT.

Os fatos estão sobejamente comprovados, tanto a materialidade pelos laudos de vistoria dos veículos (fls. 20-24) e, pelo auto de verificação de local de delito (fl. 52), como a autoria, pelas provas testemunhais produzidas em ambas as fases do processo, e até mesmo pela confissão do apelante, que não negou ter perseguido a vítima, para tirar satisfações de tê-lo fechado ao ultrapassá-lo, defronte a porteira da propriedade do Sr. José Fiori, apesar de tentar dar outra conotação aos fatos.

Ante o exposto, contrariando o parecer, dou provimento parcial ao recurso para absolver o apelante das acusações dos crimes de omissão de socorro e de fuga do local dos fatos, previstos nos artigos 304 e 305 da Lei 9.503/97, e para desclassificar o crime de disputa ou competição automobilística não autorizada em via pública, prevista no art. 308 do Código de Trânsito, para a contravenção penal do artigo 34 da Lei de Contravenções Penais (Direção Perigosa de veículo na via pública) e, em consequência, aplico-lhe a pena de 30 dias de detenção a ser cumprida no regime aberto.

Considerando-se as circunstâncias do art. 59, analisadas na sentença, e presentes os requisitos do art. 44 do Código Penal, substituo a pena privativa de liberdade pela restritiva de direitos em prestação pecuniária no valor de 7,5 (sete e meio) salários mínimos da época dos fatos em favor de entidade pública ou privada com destinação social a ser determinada na audiência admonitória, nos termos do art. 45, § 1º, do mesmo estatuto penal, mantendo-se no mais a sentença, com exceção da comunicação de suspensão da CNH.

EXTRATO DA ATA
Apelação Criminal nº 2006.011873-8/0000-00 – MS – Rel.: Desembargador Gilberto da Silva Castro. Apte.: Emerson Aparecido Verderosi. Apda.: Ministério Público Estadual.

Decisão: Por unanimidade, contra o parecer, deram provimento parcial ao recurso.

Presidência do Senhor Desembargador Marilza Lúcia Fortes. Presentes à sessão os Senhores Desembargadores Gilberto da Silva Castro, João Batista da Costa Marques.

CONSTITUCIONAL. PENAL – *HABEAS CORPUS* – HOMICÍDIO – ACIDENTE DE TRÂNSITO – PRISÃO EM FLAGRANTE – ESTADO DE EMBRIAGUEZ – OMISSÃO DE SOCORRO E TENTATIVA DE FUGA DO DISTRITO DA CULPA – TRIBUNAL DO JÚRI – DESCLASSIFICAÇÃO DO DELITO – VIA ELEITA IMPRÓPRIA – SEGREGAÇÃO DO PACIENTE COMO GARANTIA À ORDEM PÚBLICA – CLAMOR PÚBLICO – MOTIVAÇÃO INSUFICIENTE – ORDEM DEFERIDA, EM PARTE.

HABEAS CORPUS Nº 01.000852-7 – AC
Câmara Criminal do Tribunal de Justiça do Estado do Acre
Relatora: Desembargadora Eva Evangelista
Paciente: Joseildo da Silva Alves
Impetrante: Jair de Medeiros
Impetrado: Juiz de Direito da Vara do Tribunal do Júri da Comarca de Rio Branco

EMENTA

Constitucional. Penal. *Habeas Corpus*. Homicídio. Acidente de trânsito. Prisão em flagrante. Estado de embriaguez. Omissão de socorro e tentativa de fuga do distrito da culpa. Tribunal do júri. Desclassificação do delito. Via eleita imprópria. Segregação do paciente como garantia à ordem pública. Clamor público. Motivação insuficiente. Ordem deferida, em parte.

Inviável em sede de *habeas corpus*, por adentrar no exame aprofundado do conjunto fático-probatório, a pretensão visando à desclassificação do crime, pela inexistência de dolo eventual, em delito de trânsito, praticado em estado de embriaguez, seguido de fuga, sem assistência à vítima. (Precedente do STJ: RHC 6752 – MG – j. em 27.10.97 – 6ª Turma).

Não se sustenta a necessidade da segregação do paciente como garantia da ordem pública, tendo como argumento o clamor público, pois a simples repercussão dos fatos sem outras consequências não constitui motivo suficiente para o decreto de custódia, justificado, entretanto, se o acusado é dotado de periculosidade, persevera na prática delituosa ou quando denuncia na prática de crimes, perversão, malvadez, cupidez e insensibilidade moral.

Habeas corpus conhecido e deferido, em parte.

ACÓRDÃO
Vistos, relatados e discutidos estes autos de *Habeas Corpus* nº 01.000852-7, de Rio Branco, ACORDAM, à unanimidade, os Membros que compõem a Câmara Criminal do Tribunal de Justiça do Estado do Acre, conceder a ordem, parcialmente, sem prejuízo da Ação Penal, tudo nos termos do voto da Relatora.

Sem custas.

Rio Branco, 5 de outubro de 2001.

FRANCISCO PRAÇA, Presidente

EVA EVANGELISTA, Relatora.

RELATÓRIO
A SENHORA DESEMBARGADORA EVA EVANGELISTA, RELATORA:

O ilustrado causídico Jair de Medeiros, dizendo-se amparado no Art. 5º, inciso LXV, da Constituição Federal, impetrou ordem de *habeas corpus*, com pedido de liminar, em favor de Joseildo da Silva Alves, brasileiro, divorciado, comerciante, natural de Rio Branco, Estado do Acre, residente na estrada de Porto Acre – km 4, atualmente recolhido ao Complexo Penitenciário Francisco D'Oliveira Conde, contra ato do MM. Juiz de Direito da Vara do Tribunal do Júri da Comarca de Rio Branco, em decorrência da prisão em flagrante do paciente ocorrida no dia 12 de agosto de 2001, quando, por volta das 19hs, dirigindo veículo de sua propriedade, na rua Senador José Kairala, próximo à Estação Experimental, nesta cidade, o paciente ocasionou a morte da Senhora Maria Justina Cardoso.

Alega o Impetrante que a prisão em flagrante e o consequente indiciamento do paciente ocorreu de forma indevida como incurso nas sanções do Art. 121, *caput*, do Código Penal (na forma diversa da previsão constante no Art. 312, da Lei 9.503/97 – homicídio culposo na direção de veículo automotor), e contribuiu para o indeferimento do pleito de arbitramento da fiança apresentado pelo paciente à autoridade policial, também não logrando obter deferimento de parte do MM. Juiz de Direito coator, ao pedido de liberdade provisória visando responder à ação penal em liberdade.

Insurge-se o Impetrante contra a capitulação ínsita na denúncia oferecida contra o paciente, como incurso no Art. 121, *caput* do Código Penal e Art. 304, *caput* da Lei 9.503 de 23.9.97, em cúmulo material do Art. 69, com a majorante do Art. 61, II, alínea "h", segunda figura, ambos do Código Penal, ao entendimento de ser culposo, de regra, o homicídio praticado na direção de veículo, apesar da posição doutrinária jurisprudencial minoritária a respeito de casos especiais, tendo como exemplo o campo da irresponsabilidade, racha, embriaguez intencional, desentendimento anterior com a vítima, e outros, no caso do paciente, assegura o Impetrante, o cometimento do delito foi alçado à condição de doloso na forma prevista no Art. 18, I, última parte, do Código Penal.

Deduz o Impetrante, ainda, a incompetência do Juízo da Vara do Tribunal do Júri para o processamento da ação penal, entendendo subtraída a competência da Vara de Delitos e Tóxicos e Acidentes de Trânsito, daí porque, assegura, cabível a fiança, e a consequente liberdade provisória do paciente, ante sua primariedade e bons antecedentes, possuindo domicílio e emprego fixos, além de filhos para alimentar.

Prossegue o Impetrante, asseverando que o fato delituoso ocorreu em virtude de medicação que impede o paciente de consumir bebida alcoólica, e o fazendo, embora em dose mínima, ocasionou descontrole mental.

Acrescenta o Impetrante que o despacho indeferitório da liberdade provisória do paciente lastrou-se na existência de clamor público, mas, indemonstrada as publicações jornalísticas neste sentido.

Aduz o Impetrante que o constrangimento ilegal imposto ao paciente se encontra configurado, notadamente quando inúmeros acidentes de trânsito com vítima fatal ocorreram após o fato em que se encontra envolvido o paciente, encontrando-se os partícipes beneficiados pela legislação, razão porque pugna pela extensão do benefício legal com a concessão de liberdade provisória, ilustrando, como paradigma, recente ordem liberatória em sede de *habeas corpus*, deferida por esta Câmara Criminal.

Arremata o Impetrante, oferecendo ensinamentos doutrinário e jurisprudencial acerca do conceito de prisão destinada à garantia da ordem pública, e, a final, pugnou pelo deferimento da liminar em favor do paciente, com a obtenção de sua liberdade provisória. No mérito, insta pela concessão definitiva da liberdade do paciente, com a declaração de incompetência do juízo da Vara do Tribunal do Júri para processamento da ação penal.

Ao pedido, o Impetrante colacionou os documentos de fls. 14 a 128, entre estes cópia dos autos da ação penal e do pedido de liberdade provisória indeferido pela autoridade coatora.

Indeferi a liminar sob a motivação expendida às fls. 152/155, e requisitadas as informações à autoridade coatora, esta prestou-as, noticiando a realização do interrogatório do paciente, com a indicação de seus advogados que apresentaram defesa prévia, mas, sem arrolar testemunhas, sendo que, após, em 11.9.2001, com o substabelecimento ao advogado Jair de Medeiros, este arrolou testemunhas, merecendo deferimento, encontrando-se os autos aguardando audiência designada para o dia 11 de outubro de 2001.

Nas informações, o MM. Juiz de Direito indicado coator, alega, em síntese, que indeferiu a liberdade provisória do paciente, porque populares que presenciaram ao atropelamento, em decorrência da suposta evasão do paciente, tentaram linchá-lo, daí, assegura, sobrevindo o clamor público, aludindo, por fim, à inexistência de qualquer forma de indução de parte de familiares da vítima.

O Ministério Público nesta instância, em parecer de lavra do ilustrado Procurador de Justiça Ubirajara Braga de Albuquerque, manifestou-se pelo não conhecimento do *habeas corpus*, ante a impropriedade da via eleita, e, se conhecido, por seu indeferimento (fls. 163/166).

É o Relatório.

VOTO

A EXCELENTÍSSIMA SENHORA DESEMBARGADORA EVA EVANGELISTA – RELATORA:

Trata-se de pedido de *habeas corpus* impetrado pelo ilustrado causídico Jair de Medeiros em favor do paciente Joseildo da Silva Alves, preso em flagrante em razão do cometimento de delito de trânsito no dia 12 de agosto de 2001, quando, por volta das 19hs, dirigindo veículo de sua propriedade, na rua Senador José Kairala, próximo à Estação Experimental, nesta cidade, o paciente ocasionou a morte da Senhora Maria Justina Cardoso.

Alega o Impetrante que o paciente foi indiciado de forma indevida, como incurso nas sanções do Art. 121, *caput*, do Código Penal, diversamente da previsão constante do Art. 302, da Lei 9.503, de 23.9.1997, que instituiu o novo Código de Trânsito Brasileiro – homicídio culposo na direção de veículo automotor – com a subtração da competência da Vara de Delitos de Tóxico e Acidentes de Trânsito, e, razão disso, restou indeferido o pedido de arbitramento da fiança ao paciente pela autoridade policial, e, de igual modo, pelo MM. Juiz de Direito coator, a liberdade provisória, para o paciente responder à ação penal em liberdade.

Volta-se o pedido liberatório contra o indeferimento da liberdade provisória do paciente, uma vez que este foi indiciado de forma imprópria, entendendo o Impetrante que a figura do dolo eventual na prática não se aplica ao paciente, como incurso nas penas do Art. 121, *caput*, do Código Penal, e do Art. 304, *caput* da Lei 9.503, de 23.9.97, em cúmulo material do Art. 69 e a majorante do Art. 61, II, alínea "h", segunda figura, do Código Penal.

Prescreve o Art. 18, I, do Código Penal:

> *Diz-se o crime:*
> *I – doloso, quando o agente quis o resultado ou assumiu o risco de produzi-lo.*

Entretanto, em sede de *habeas corpus*, inadequado maior exame acerca da existência de dolo eventual na prática do delito, afigurando-se matéria de prova, inviável, pois, tal aferição, diversamente da autoria e da materialidade que se encontram demonstradas nos autos.

Destarte, acerca do suposto dolo eventual, que possibilitou o indiciamento do paciente no Art. 121, *caput*, do Código Penal, a pleiteada desclassificação do delito para homicídio culposo, não se aperfeiçoa em sede de *habeas corpus*, tendo a respeito do tema a manifestação do Superior Tribunal de Justiça:

> *PENAL. HOMICÍDIO. DESCLASSIFICAÇÃO. DELITO DE TRÂNSITO. ESTADO DE EMBRIAGUEZ. TRANCAMENTO DA AÇÃO PENAL. TRIBUNAL DO JÚRI.*
> *A pretensão de desclassificação do crime, ante a inexistência de dolo eventual, em delito de trânsito, praticado em estado de embriaguez, seguido de fuga, sem assistência às vítimas, importa em exame aprofundado do conjunto fático-probatório, inviável em sede de habeas corpus.*
> *Recurso conhecido e improvido.* (RHC 6752 – MG j. em 27.10.97 – Rel. Min. Fernando Gonçalves 6ª Turma do STJ – v. u.).
> *Destarte, atenho-me à motivação do indeferimento de liberdade provisória do paciente, fundada na "...repulsa social pela morte brusca e bárbara da vítima pela atitude do acusado logo após o crime" e "à garantia da ordem pública."* (fl. 100).

Neste aspecto, penso que se encontra configurado o constrangimento ilegal sanável por *habeas corpus*, dado que inexistindo prova da intenção do paciente em se evadir já que possui domicílio certo e família para garantir a subsistência, ou seja, enquadrado nas hipóteses do Art. 310, do Código de Processo Penal, embora cingida a autoridade coatora, quando do indeferimento da liberdade provisória do paciente à existência de clamor público, ao estado etílico, à velocidade com que o paciente conduzia o veículo, à omissão de socorro e à tentativa de fuga, reconhecendo o magistrado, em contrapartida, a primariedade, bons antecedentes do paciente e emprego fixos, mas, ao mesmo passo, tendo como relevante a repulsa social e a atitude do acusado após o crime.

É certo que o acidente ceifou a vida de uma anciã, mas, quanto à necessidade da custódia, também há de se aferir a periculosidade do paciente, a perseverança na prática delituosa, e se atuou com torpeza, malvadeza, e insensibilidade moral.

In casu, tenho que o alegado perigo à ordem pública se consolidaria na manutenção do paciente conduzindo veículo, mas, neste caso, existem sanções de ordem administrativa, devendo o órgão estadual de trânsito (Detran), se ainda não o fêz, suspender o licenciamento do paciente para a condução de veículo automotor, ou, ainda, a aplicação do Art. 294, da Lei nº 9.503/97.

A destacar, ainda, que, na maioria das vezes, o paciente causador de um acidente de trânsito é acometido de situação de pânico após o delito, enveredando pela omissão de socorro e tentativa de fuga, e, nestes casos não sendo dado confundir a evasão do local do crime com a fuga do distrito da culpa, inclusive, no caso em exame, revelando os autos, conforme atestado médico anexo, que o paciente é dependente químico.

Ademais, o paciente não se ajusta nas hipóteses de vedação do benefício da liberdade provisória, adstrita a crimes hediondos (Art. 2º, II, da Lei 8.072/90), à Lei dos crimes organizados (Lei 9.034/95), e aos crimes contra a economia popular e sonegação fiscal, sendo que, quanto a esta, casos há em que poderá ser concedida mediante fiança.

De outra parte, não é possível confundir o conceito de garantia de "ordem pública" com o "estardalhaço causado pela imprensa pelo inusitado do crime", situação, inclusive, indemonstrada nos autos.

Assim, conheço do pedido de *habeas corpus*, e defiro a ordem parcialmente, para conceder a liberdade provisória do paciente, sem prejuízo da ação penal, ante o constrangimento ilegal consubstanciado na segregação do paciente dado que ausentes os pressupostos ensejadores do decreto segregatório.

É como voto.

EXTRATO DA ATA

Apelação Criminal Nº 01.000852-7 – TJAC – Rel.: Desembargadora Eva Evangelista. Pacte.: Joseildo da Silva Alves. Impte.: Jair de Medeiros. Impdo.: Juiz de Direito da Vara do Tribunal do Júri da Comarca de Rio Branco

Decisão: Decide a Câmara conceder, em parte, a ordem, sem prejuízo de Ação Penal. Expeça-se Alvará de Soltura. Unânime. Câmara Criminal, 05.10.2001.

Presidência do Senhor Ministro Desembargador Francisco Praça. Presentes à sessão os Senhores Desembargadores Eva Evangelista e Ciro Facundo, membro da Câmara Cível, convocado para compor o *quorum*, em face da ausência justificada do Desembargador Eliezer Scherrer.

Elaína de Souza Rocha, Secretária.

APELAÇÃO CRIMINAL – ACIDENTE DE TRÂNSITO – HOMICÍDIO CULPOSO – RECURSO MINISTERIAL – APLICAÇÃO DE DUAS CAUSAS DE AUMENTO DE PENA E DUAS AGRAVANTES – RECURSO DA DEFESA – PRELIMINAR DE NULIDADE DA SENTENÇA – AUSÊNCIA DE ENFRENTAMENTO DE TESE DEFENSIVA – ABSOLVIÇÃO POR FALTA DE PROVAS – AFRONTAMENTO AO

PRINCÍPIO CONSTITUCIONAL DA ISONOMIA – PRELIMINAR REJEITADA – RECURSOS DESPROVIDOS.

APELAÇÃO CRIMINAL Nº 1.0713.04.039431-2/001
Tribunal de Justiça de Minas Gerais
Relator: Desembargador Fernando Starling
Apelante: Ministério Público Estado Minas Gerais – Primeiro, Geraldo Aparecido Evangelista – Segundo
Apelado: Geraldo Aparecido Evangelista, Ministério Público Estado Minas Gerais

EMENTA

Apelação criminal – Acidente de trânsito – Homicídio culposo – Recurso Ministerial – Aplicação de duas causas de aumento de pena e duas agravantes – Recurso da defesa – Preliminar de nulidade da sentença – Ausência de enfrentamento de tese defensiva – Absolvição por falta de provas – Afrontamento ao Princípio Constitucional da Isonomia – Preliminar rejeitada – Recursos desprovidos.

Não há hipótese de aplicação da causa de aumento prescrita no inciso II do parágrafo único do artigo 302 da Lei nº 9.503/97, uma vez que a prova técnica coligida nos autos acusa que o veículo não abalroou a vítima na faixa de pedestre.

Não há que se punir o condutor pela suposta omissão de socorro à vítima, se ficou constatado nos autos que sua conduta foi atípica, uma vez que não sabia do ocorrido atropelamento, tampouco da existência de vítima, circunstância que afasta o dolo exigido para configuração da causa de aumento de pena.

Não cabe a aplicação da causa agravante prescrita no artigo 298, parágrafo único, inciso V, do CTB, quando se verifica que o acidente não foi ocasionado por descuido com a carga do veículo ou seu acondicionamento.

Não se aplica a agravante prescrita no artigo 61, inciso II, alínea 'h', do Código Penal, uma vez que tal dispositivo penal somente se sobrepõe nos delitos de conduta dolosa.

Não há que se falar em inexigibilidade de conduta diversa, quando o fato narrado na inicial acusatória é típico, consubstanciado no homicídio culposo, não tendo agido o réu por coação irresistível ou por obediência hierárquica, até porque o delito cometido é próprio do condutor do veículo que, conscientemente, não se desincumbe de atentar para as normas de trânsito e os cuidados necessários à direção de veículo de carga dentro de um campus universitário, em final de semana, restando claro que o resultado atingido era evitável. A pena mais severa atribuída ao homicídio culposo, como delito de trânsito (o homicídio culposo do art. 121, § 3º, tem pena de detenção, de um a três anos), não afronta o princípio de isonomia, uma vez que tão somente se trata desigualmente circunstâncias desiguais, não se podendo olvidar que o CTB se sobrepõe ao diploma legal geral, por tratar de conduta específica de agente no trânsito.

ACÓRDÃO

Vistos etc., acorda, em Turma, a 1ª CÂMARA CRIMINAL do Tribunal de Justiça do Estado de Minas Gerais, incorporando neste o relatório de fls., na conformidade da ata dos julgamentos e das notas taquigráficas, EM REJEITAR PRELIMINAR E NEGAR PROVIMENTO AOS RECURSOS.

Belo Horizonte, 06 de maio de 2008.

FERNANDO STARLING, Relator.

RELATÓRIO

O SR. DES. FERNANDO STARLING:

GERALDO APARECIDO EVANGELISTA foi denunciado como incurso nas iras do artigo 302, parágrafo único, incisos II e III, c/c artigo 298, parágrafo único, inciso V, da Lei nº 9.503/97, c/c artigo 61, inciso II, alínea "h", do Código Penal Brasileiro.

Consta da peça acusatória que, no dia 06/06/2004, por volta das 11:00 horas, na Av. PH Rolfs, no campus da Universidade Federal de Viçosa, na cidade de Viçosa, o denunciado teria praticado homicídio culposo na direção de veículo automotor contra a vítima Leonardo Coelho do Amaral.

Consta, ainda, que o denunciado vinha conduzindo o veículo caminhão, marca Ford, modelo Cargo 131 F, de placas HAY – 5055, de propriedade da empresa Transcon Engenharia Ltda., tendo deixado de imobilizar o mesmo ou reduzir sua velocidade, avançando sobre a faixa de pedestre e colidindo com a vítima, que atravessava a referida faixa de pedestre em sua bicicleta, cansando-lhe traumatismo cranioencefálico, que foi a causa efetiva de sua morte.

A denúncia foi oferecida em 22/12/2004 (fl. 48/v) e recebida em 18/03/2005 (fl. 50) e, após regular instrução do feito, com o interrogatório do denunciado (fls. 63/64), defesa prévia (fl. 65), oitiva das testemunhas (fls. 108/109, 126/129) e alegações finais das partes (fls. 133/153), o MM. Juiz sentenciante, em 15/08/2006, julgou parcialmente procedente a denúncia para condenar o réu por prática do delito tipificado no artigo 302, *caput*, da Lei nº 9.503/97, a uma pena de 2 (dois) anos de detenção em regime aberto, reprimenda esta que foi suspensa condicionalmente por igual período de 2 (dois) anos, na forma dos artigos 77 e 78, § 1º, do Código Penal.

Inconformado, o Ministério Público Estadual interpôs o presente recurso de apelação às f. 178/186, pugnando pela reforma da sentença e consequente condenação do réu nos exatos termos da denúncia.

Também irresignado, o réu Geraldo Aparecido Evangelista, ora denominado segundo apelante, interpôs recurso pugnando pela cassação da sentença prolatada, aduzindo a ausência de verificação do tipo penal culposo, ausência de culpabilidade (inexigibilidade de conduta diversa) e, alternativamente, a absolvição por ausência de prova suficiente para a condenação (artigo 386, VI, CPP) e, em caso de condenação, o controle difuso de constitucionalidade da diferença das penas cominadas para o homicídio culposo do CP e no trânsito, requerendo, por derradeiro, a redução do prazo de suspensão da habilitação do segundo apelante para dirigir automotores.

Contrarrazões do primeiro apelante às fls. 218/227, pugnando pelo não provimento do recurso interposto pelo segundo apelante, uma vez que a sentença hostilizada não merece reparo em relação às teses defensivas.

Contrarrazões do segundo apelante pelo não provimento do recurso ministerial, mantendo-se o afastamento das majorantes capituladas no artigo 302, parágrafo único, incisos II e II, do CTB, bem como das agravantes capituladas nos artigos 298, parágrafo único, inciso V, do CTB, e artigo 61, inciso II, alínea "h", do Código Penal (fls. 201/209).

Ouvida, a douta Procuradoria-Geral de Justiça opinou pelo provimento parcial do recurso do Ministério Público e desprovimento do recurso aviado pelo segundo apelante (fls. 230/241).

É, em síntese, o relatório.

VOTO

O SR. DES. FERNANDO STARLING:

Presentes os pressupostos de admissibilidade, conheço do recurso.

Trata-se de apelações interpostas tanto pelo Ministério Público do Estado de Minas Gerais, primeiro apelante, quanto pelo réu Geraldo Aparecido Evangelista, segundo apelante, irresignados com a sentença prolatada pelo Magistrado *a quo*, que condenou o segundo apelante como incurso nas iras do artigo 302, *caput*, da Lei nº 9.503/97.

A materialidade encontra-se inconteste nos autos, a partir do boletim de ocorrência policial militar (fls. 07/09), do auto de corpo de delito da vítima (fls. 24/26) e do laudo pericial (fls. 31/42).

Quanto à autoria, também resta claramente evidenciada nos autos, através do depoimento das testemunhas, do laudo pericial, do boletim de ocorrência policial militar e das próprias declarações do segundo apelante, Geraldo Aparecido Evangelista, que assume a autoria do atropelamento, asseverando, contudo, que não dirigia o veículo com imprudência ou em velocidade superior ao permitido para a via, assim se manifestando (fl. 63):

> *(...) que o depoente aceita a autoria do fato descrito na denúncia, pois dirigia o caminhão que colidiu com a vítima;*

que o depoente nega no entanto que estivesse dirigindo impru-
dentemente ou com excesso de velocidade, ou com velocidade
incompatível para o local; (...).

Portanto, restam por bem delineadas a materialidade e autoria da infração, porquanto existentes elementos suficientes no corpo probatório dos autos.

Razões do Ministério Público

Insurge-se o *parquet* contra a sentença prolatada pelo juízo singular, que não aplicou duas causas majorantes e duas agravantes na pena aplicada, conforme requerido na peça acusatória.

Nesse norte, o Ministério Público requereu a aplicação de duas majorantes, prescritas no artigo 302, parágrafo único, incisos II e III, da Lei nº 9.503/97.

Quanto à primeira majorante, estou que razão não lhe assiste, *data venia*.

Infere-se das informações trazidas no boletim de ocorrência policial militar (fl. 09) e do laudo pericial (fl. 42) que, em razão dos vestígios encontrados no local do sinistro, o impacto teria ocorrido fora da faixa de pedestres, circunstância que afastaria a aplicação da majorante prescrita no inciso II do parágrafo único do artigo 302 do Código de Trânsito Brasileiro.

Lado outro, insta ressaltar que, apesar da testemunha Ernandes Rodrigues de Alencar afirmar que o acidente tenha ocorrido quando a vítima transitava na faixa de pedestre, os outros depoimentos colhidos sob o crivo do contraditório não são conclusivos na forma delineada na denúncia, devendo prevalecer, portanto, a prova técnica colhida no local. Vejamos:

(...) não vi o atropelamento; meu filho foi atropelado, mas o seu corpo estava fora da faixa de pedestre, mas muito próximo, a bicicleta estava à frente do corpo e com as rodas amassadas; (...) (Eufran Ferrreira do Amaral à fl. 126).

(...) tenho certeza absoluta que na época dos fatos existia uma faixa de pedestre no local do atropelamento; não tenho noção da velocidade que o acusado imprimia no caminhão, mas não era pouco; a criança estava sobre a faixa de pedestre quando ocorreu o atropelamento; (...) (Ernandes Rodrigues de Alencar à fl. 127).

(...) acho que no local do acidente não existia faixa de pedestre, mas não tenho certeza;(...) (Luciene Maria Gomes Coelho à fl. 128).

(...) o acidente ocorreu em uma curva onde dificilmente se consegue trafegar a mais de 20 km por hora; na época dos fatos não existia faixa de pedestre no local do acidente; (...) (Vantuil Martins da Silva à fl. 129).

Quanto à segunda majorante, melhor sorte também não assiste ao *parquet, data venia.*

A aplicação do inciso III do parágrafo único do artigo 302 da Lei nº 9.503/97 somente prevalecerá se restar induvidoso que o condutor do veículo, ciente do acidente ocorrido, que resultou em lesão ou morte, conscientemente teria negado o socorro à(s) vítima(s), quando poderia fazê-lo sem risco pessoal.

Das informações trazidas dos autos, vê-se que o segundo apelante não percebeu que teria atropelado a vítima, seja em razão da dimensão do veículo, seja em razão de não ter visto ou ouvido a vítima.

Infere-se dos autos que, após o ocorrido, o segundo apelante dirigiu-se até o canteiro de obras da empresa, não havendo relatos de que tenha ele aumentado a aceleração do veículo que conduzia ou feito qualquer outra manobra que corroborasse o entendimento de que estaria ele tentando empreender fuga.

De fato, tal hipótese se mostra distante dos elementos de prova inseridos nos autos, até porque não seria viável evadir-se dentro de um *campus* universitário. Certo é que o segundo apelante foi informado do ocorrido, logo após, a uns 50 (cinquenta) metros do local, mostrando-se surpreso quando lhe foi relatado o acontecido. É o que se extrai do depoimento das testemunhas e de suas declarações.

> *(...) que na realidade o depoente não viu a vítima cortar o caminho do caminhão, e apenas uns cinquenta metros adiante foi que foi informado do acidente; (...) que pelo que ficou sabendo posteriormente, a colisão ocorreu na roda de trás, e foi por isso que o depoente não viu a vítima, pois conforme se apurou a vítima atravessou por debaixo da carroceria do caminhão, e a roda traseira passou sobre ela; (...)* (Geraldo Aparecido Evangelista à fl. 63).

> *(...) Não percebi se o motorista do caminhão notou os gritos da outra criança que acompanhava Leonardo e seu pai; a segunda criança gritou muito e muito alto; eu escutei os gritos da outra criança, mas se os outros motoristas ouviram, não sei; (...)* (Ernandes Rodrigues de Alencar à fl. 127).

> *(...) O motorista do caminhão não parou após o atropelamento, e também não percebi se ele percebeu o acidente; não observei se o condutor do caminhão imprimiu maior velocidade após o acidente. (...)* (Luciene Maria Gomes Coelho à fl. 128).

> *(...) quando conversei com o acusado ele não acreditou que tinha atropelado a vítima; o atropelamento ocorreu na pista de rolamento de veículos; (...)* (Vantuil Martins da Silva à fl. 129).

Portanto, não há que se punir o segundo apelante pela suposta omissão de socorro à vítima, posto que ficou constatado nos autos que sua conduta foi atípica, uma vez que não sabia do ocorrido atropelamento, tampouco da existência de vítima, circunstância que afasta o dolo exigido para configuração da causa de aumento de pena.

Não se pode olvidar que, segundo informações dos autos, a morte da vítima se deu de maneira instantânea, por traumatismo cranioencefálico, com perda de massa encefálica.

Nesse norte, constato que a prestação do socorro à vítima não ensejaria sua sobrevida ou afastaria o resultado morte, circunstância que também coloca óbice à aplicabilidade da causa especial de aumento de pena. Nesse sentido:

> (...) Finalmente, é preciso destacar que, ocorrendo morte instantânea da vítima e de fácil e nítida comprovação, não é cabível exigir-se do motorista que preste socorro a um cadáver, algo ilógico e insensato. (...) (Guilherme de Souza Nucci. **Leis Penais e Processuais Penais Comentadas**. – 2ª ed. Versão atualizada e ampliada. São Paulo: Editora Revista dos Tribunais, 2007, p. 1028).

Lado outro, pretende o primeiro apelante a aplicação da causa agravante insculpida no artigo 298, inciso V, da Lei nº 9.503/97, que prescreve:

> **Art. 298.** *São circunstâncias que sempre agravam as penalidades dos crimes de trânsito ter o condutor do veículo cometido a infração:*
> *(...)*
> *V – quando a sua profissão ou atividade exigir cuidados especiais com o transporte de passageiros ou de carga;*

Vê-se que a conduta que o legislador houve por bem punir com mais rigor é a de deixar de observar normas de segurança no transporte de passageiros ou de carga, cuja inobservância venha a ser a causa efetiva do acidente automobilístico que tenha resultado em vítima(s).

No caso vertente, não há informações de que a causa da morte da vítima tenha sido originada da inobservância de cuidados essenciais e especiais no transporte de carga ou de passageiros, circunstância que coloca óbice na aplicação da causa agravante prescrita no diploma supramencionado.

Por derradeiro, não se pode aplicar no caso presente a agravante prescrita no artigo 61, inciso II, alínea "h", do Código Penal, uma vez que tal dispositivo penal somente se aplica aos delitos de conduta dolosa, o que inocorre, *in casu*.

Não se pode olvidar que a conduta do segundo apelado é capitulada por legislação específica, qual seja a Lei nº 9.503/97, sendo certo que seu artigo 302, parágrafo único, prescreve expressamente as causas agravantes a serem consideradas no caso presente, o que afasta a aplicação combinada da agravante prevista no diploma penal geral.

Feitas essas considerações, estou que o recurso do Ministério Público, ora primeiro apelante, não merece guarida, *data venia*, pelos fundamentos acima expostos.

Razões do segundo apelante, Geraldo Aparecido Evangelista:

Preliminar.

Insurge-se o segundo apelante contra a decisão prolatada que o condenou pela prática da infração prescrita no artigo 302, *caput*, da Lei nº 9.503/97, aduzindo que o Magistrado sentenciante deixou de analisar as duas teses da defesa de forma individualizada, circunstância que ensejaria a nulidade da decisão fustigada, com base no artigo 564, inciso III, alínea "m", do CPP, artigo 5º, inciso LV, e artigo 93, inciso IX, ambos da CF/88.

Assinala que sua defesa teria anotado, como teses defensivas, uma excludente de tipicidade e outra de culpabilidade, que não foram enfrentadas individualmente, mostrando-se o fundamento utilizado impreciso e vago.

Não obstante as razões apresentadas pela combativa defesa, tenho que sua irresignação não merece guarida, porquanto entendo que a decisão hostilizada não deixou de enfrentar as teses defensivas, não causando, portanto, qualquer prejuízo à defesa do segundo apelante.

De fato, a defesa do apelante argumenta, em sede de alegações finais, que o segundo apelante teria usado de todos os mecanismos de direção segura de que dispunha e, mesmo utilizando todo o dever de cuidado, o réu não poderia ter evitado o resultado.

Alega, ainda, a falta de culpabilidade do réu por inexigibilidade de que sua conduta fosse diversa.

As questões aduzidas na defesa prévia foram devidamente abordadas pelo Magistrado sentenciante, que fundamentou seu veredicto na análise de conduta do réu, considerando a sua tipicidade e culpabilidade.

Não há que se falar que as duas condutas, forçosamente, teriam que ser abordadas individualmente, se os fundamentos insertos na decisão hostilizada satisfazem e respondem às teses defensivas, contrariamente ao alegado pelo segundo apelante.

Vejamos. Quanto à tipicidade da conduta do agente, o Magistrado singular assinala (fls. 161/162):

> (...) Contudo, vislumbro que o acusado, em que pese aparentemente estar respeitando a velocidade permitida, conduzia o seu caminhão sem a devida cautela, dando causa culposamente ao óbito da vítima.
>
> Primeiro porque, a despeito do alegado pela defesa quanto à inexistência de faixa de pedestres no local, fica evidente que não havia faixa próxima ao local da colisão entre o caminhão e a vítima, através dos anexos fotográficos 2 e 23 (fls. 33/37).(...)
>
> (...) Há que se observar, conjuntamente com os elementos constantes dos autos, que o acusado infringiu as disposições legais transcritas, vez que dirigia distraidamente, quando deveria imprimir a máxima cautela, à vista da proximidade da faixa de pedestres e do grande movimento de pais e crianças no local, bem como por estar em veículo de maior porte do que os que ali transitavam, sendo que nem mesmo percebeu a colisão de seu veículo com a bicicleta da vítima.
>
> Assim, é patente que o réu agiu voluntariamente, transitando com o seu veículo sem observar o necessário dever de cuidado, sob a forma de negligência, ao não se dar conta do que acontecia à sua volta. (...).
>
> (...) No caso em tela, agiu o réu em desobediência ao dever de cuidado imposto por lei, incorrendo com negligência, uma das formas do crime culposo. (...)

Vê-se da transcrição supra que o Magistrado singular bem ilustrou um dos elementos do tipo culposo, qual seja, a negligência por parte do segundo apelante na condução do veículo automotor.

Nesse sentido:

> (...) Análise do núcleo do tipo: a redação do tipo incriminador é nitidamente defeituosa, arranhando o princípio da taxatividade. O correto seria: "matar alguém", acrescentando a forma culposa "por imprudência, negligência ou imperícia", findando com a circunstância "na direção de veículo automotor". Entretanto, é possível identificar o que pretendeu o legislador, inclusive pelo fato de haver a figura do homicídio bem descrita no Código Penal (art. 121, caput), sanando-se, pela interpretação judicial, a incorreta exposição da conduta típica. (Guilherme de Souza Nucci. **Leis Penais e Processuais Penais Comentadas**. – 2ª ed. Versão atualizada e ampliada. São Paulo: Editora Revista dos Tribunais, 2007, p. 1025).

Quanto à culpabilidade, vê-se dos autos que, de maneira acertada, o Magistrado sopesou os elementos probatórios coligidos e indicou em seus fundamentos que a conduta do segundo apelante, além de típica, é culpável, posto que ficou pacífico que o procedimento esperado de um condutor atento às condições da via de trânsito seria diversa daquela por ele empreendida. Vejamos (fl. 161):

> (...) Mesmo estando em velocidade compatível com o local, é de se ver que o réu transitava sem o dever de cuidado que lhe incumbia, tendo em vista que, cortando uma faixa de pedestres, abalroou a bicicleta conduzida pela vítima Leonardo, passando por cima desta, sem que tenha se dado conta do fato.
>
> As testemunhas confirmam, inclusive, que a criança que acompanhava a vítima gritou muito no momento do sinistro, o que, naturalmente, chamou atenção de todos os que passa-

vam pelo local, sendo que nem assim o réu percebeu o ocorrido, demonstrando a sua falta de atenção no trânsito. (...).

Aqui, não há que se falar em inexigibilidade de conduta diversa, posto que os fatos narrados na inicial acusatória é típico, sendo certo que o segundo apelante não agiu culposamente por coação irresistível ou por obediência hierárquica, sendo o delito próprio do condutor do veículo que, conscientemente, não se desincumbiu de atentar para as normas de trânsito e os cuidados necessários à direção de veículo de carga dentro de um *campus* universitário, em final de semana, restando claro que o resultado atingido era evitável.

Portanto, entendo que as teses defensivas foram enfrentadas suficiente e judiciosamente pelo Magistrado primevo, circunstância que afasta a alegada nulidade do decreto condenatório, por omissão do sentenciante em analisar as razões apresentadas pela defesa.

Por isso, rejeito esta preliminar.

Mérito.

Alega o segundo apelado que o acidente ocorrido não era evitável, assinalando que, uma vez que o condutor de um veículo respeita as regras de trânsito, deve presumir que os outros envolvidos na via também as respeitem. Afirma, ainda, que, de acordo com o depoimento da testemunha Luciene Coelho, o segundo apelado não teria boa visão do trânsito.

Ora, se o condutor do caminhão não tinha boa visão da via, mais uma razão para que seu cuidado na direção do automotor fosse renovado e redobrado.

Conforme já alhures assinalado nesta deliberação, o fato de não ficar comprovado que o segundo apelante empreendia velocidade no veículo superior à permitida na via e tenha efetuado conversão em local permitido não afasta a responsabilidade do condutor em tentar evitar qualquer sinistro, com a justificativa de que os outros envolvidos no trânsito também teriam que fazê-lo. Seria o mesmo que endossar uma situação em que o condutor atropela um pedestre, podendo evitá-lo, ao argumento de que não deixara de cumprir a regra de trânsito em razão de que o semáforo, no momento do acidente, estaria sinalizando na cor verde.

Lado outro, consta dos autos que o veículo conduzido pelo segundo apelante passou com as rodas por cima da vítima, causando traumatismo cranioencefálico com exposição extensa de material intracraniano, próximo à faixa de pedestre e, mesmo com os gritos de outra criança que acompanhava a vítima, o condutor não percebeu o acidente, prosseguindo na mesma marcha em direção ao seu destino.

Tal circunstância revela a desatenção do condutor na via, traduzida em negligência, que é elemento do tipo penal culposo, não havendo que se falar em ausência de culpabilidade, impondo-se no caso presente a condenação do réu.

Insta salientar que persistem nos autos conjunto probatório robusto que, induvidosamente, leva ao entendimento de que a conduta do segundo apelada se enquadra no tipo penal prescrito no artigo 302, parágrafo único, da Lei nº 9.503/97, o que afasta a pretendida absolvição por falta de provas prevista no artigo 386, inciso VI, do CPP.

Em relação à suposta agressão ao princípio constitucional da isonomia, nos crimes de homicídios culposos no trânsito, tenho que tal questionamento não se presta a invalidar a aplicação prevista no Código de Trânsito Brasileiro. Nesse sentido:

> *(...) Por outro lado, a pena mais severa atribuída ao homicídio culposo, como delito de trânsito (o homicídio culposo do art. 121, § 3º, tem ´pena de detenção, de um a três anos), não fere o princípio de isonomia, uma vez que se está tratando desigualmente situações desiguais. A caótica falta de segurança viária, causadora de muitos acidentes de trânsito, justifica a tomada de medidas estatais mais rígidas, como a edição da Lei nº 9.503/97, inclusive com a criação de inéditas figuras típicas (como o delito de competição não autorizada – racha – previsto no art. 308), bem como com o aumento de penas (homicídio e lesões corporais). (...)* (Guilherme de Souza Nucci. **Leis Penais e Processuais**

Penais Comentadas. – 2ª ed. Versão atualizada e ampliada. São Paulo: Editora Revista dos Tribunais, 2007, p. 1.025/1.026).

Quanto à suspensão do direito de dirigir ou de obter licença para tal, mantenho a decisão do Magistrado singular, uma vez que bem sopesada dentro dos critérios de razoabilidade e proporcionalidade, qual seja, a reprimenda de 02 (dois) meses sem que o apelado possa dirigir ou conseguir licença para condução de automotores, não se podendo se olvidar, aqui, do caráter pedagógico e aflitivo da pena.

Feitas essas considerações, tenho que restou comprovado nos autos que o apelado estava dirigindo veículo pesado (caminhão) em via de trânsito lento (*campus* universitário) e, agindo com negligência no percurso da via, deu causa a acidente automotivo que resultou na morte da vítima, conduta tipificada no parágrafo único do artigo 302 da Lei nº 9.503/97.

Diante do exposto e do mais que dos autos consta, REJEITO A PRELIMINAR E NEGO PROVIMENTO AOS RECURSOS interpostos, mantendo a sentença hostilizada por seus próprios fundamentos.

VOTO
O SR. DES. EDELBERTO SANTIAGO:
De acordo

VOTO
A SRª. DESª. MÁRCIA MILANEZ:
Sr. Presidente.
Coloco-me de acordo com a rejeição da preliminar e nego provimento a ambos os recursos, registrando, também, o recebimento de substancioso e objetivo memorial elaborado pelo Dr. Luciano e que também ouvi, atentamente, sua sustentação oral.
Com o Relator.

EXTRATO DA ATA

Apelação Criminal Nº 1.0713.04.039431-2/001 – TJMG – Rel.: Desembargador Fernando Starling. Apte: Ministério Público Estado Minas Gerais – Primeiro, Geraldo Aparecido Evangelista – Segundo. Apdo: Geraldo Aparecido Evangelista, Ministério Público do Estado de Minas Gerais

Decisão: Diante do exposto e do mais que dos autos consta, REJEITO A PRELIMINAR E NEGO PROVIMENTO AOS RECURSOS interpostos, mantendo a sentença hostilizada por seus próprios fundamentos.

APELAÇÃO CRIMINAL – ACIDENTE DE TRÂNSITO – HOMICÍDIO CULPOSO – CONDUTA CULPOSA INCOMPROVADA – ABSOLVIÇÃO DECRETADA – OMISSÃO DE SOCORRO – DELITO CONFIGURADO.

APELAÇÃO CRIMINAL Nº 1.0281.03.002715-1/001
Tribunal de Justiça de Minas Gerais
Relator: Desembargador Vieira de Brito
Apelante: Paulo Afonso da Silva – Primeiro, Ministério Público do Estado de Minas Gerais – Segundo
Apelado: Ministério Público Estado Minas Gerais, Paulo Afonso da Silva

EMENTA

APELAÇÃO CRIMINAL – ACIDENTE DE TRÂNSITO – HOMICÍDIO CULPOSO – CONDUTA CULPOSA INCOMPROVADA – ABSOLVIÇÃO DECRETADA – OMISSÃO DE SOCORRO – DELITO CONFIGURADO.

Não restando seguramente provado que o motorista deixou de observar o dever objetivo de cuidado que lhe era exigido, tendo o evento fatídico ocorrido de forma totalmente alheia à sua previsibilidade, não se lhe pode impor uma condenação, ainda mais nas circunstâncias em que os fatos se deram, se a culpa não restou cabalmente demonstrada. Se o réu evadiu do local do acidente, deixando de prestar socorro imediato à vítima, deve o mesmo ser responsabilizado como incurso nas sanções do art. 304 da Lei nº 9.503/97.

ACÓRDÃO

Vistos etc., acorda, em Turma, a 5ª CÂMARA CRIMINAL do Tribunal de Justiça do Estado de Minas Gerais, na conformidade da ata dos julgamentos e das notas taquigráficas, à unanimidade de votos, EM DAR PROVIMENTO AO RECURSO DEFENSIVO E PROVIMENTO PARCIAL AO APELO MINISTERIAL.

Belo Horizonte, 20 de maio de 2008.

VIEIRA DE BRITO, Relator.

RELATÓRIO

O SR. DES. VIEIRA DE BRITO:

Paulo Afonso da Silva fora denunciado pelo Órgão Ministerial à fl. 02, como incurso nas sanções do art. 302, I, II, III, art. 304, art. 305 e art. 309, todos da Lei nº 9.503/97, na forma do art. 69, CP.

Narra à denúncia que, no dia 22.02.2003, na Rodovia MG-170, zona rural do município de Guapé-MG, o denunciado, na condução de seu veículo Ford/Pampa, cor branca, de placas GPE-4106, sem a devida habilitação, teria colhido a vítima no acostamento da referida via, causando-lhe lesões corporais que foram a causa de sua morte.

Após o acidente, o acusado não só se evadiu do local sem prestar o devido socorro à vítima, como sequer comunicou o ocorrido às autoridades competentes.

Processado, encerrada a instrução, foi a denúncia julgada parcialmente procedente, para condenar Paulo Afonso da Silva nas iras do art. 302, III, da Lei nº 9.503/97, à pena de 02 (dois) anos e 08 (oito) meses de detenção, em regime aberto. A pena privativa de liberdade foi substituída por duas restritivas de direitos, prestação de serviços à comunidade e prestação pecuniária, fixada em 03 (três) salários mínimos (fls. 117/131).

Apelou a defesa à fl. 133, apresentou razões às fls. 137/141, requerendo, em síntese, a absolvição do acusado, por insuficiência de prova incriminatória.

O *parquet* aviou recurso à fl. 135, arrazoou às fls. 146/160, pugnando pela condenação do réu nos termos em que postulado na denúncia.

Contrarrazões apresentadas pelas partes, tanto a defesa (fls. 167/173) quanto a acusação (fls. 161/166) protestaram pela improcedência do recurso adverso.

Instada a se manifestar, a Cúpula Ministerial, em parecer da lavra do Dr. Alceu José Torres Marques, opinou pelo desprovimento do recurso defensivo e pelo parcial provimento do recurso ministerial (fls. 178/186).

É O SUCINTO RELATÓRIO.

VOTO

O SR. DES. VIEIRA DE BRITO:

Presentes os pressupostos intrínsecos e extrínsecos de admissibilidade, conheço dos recursos.

Não tendo sido arguidas preliminares, nem vislumbrando qualquer irregularidade processual que possa ser apontada de ofício, passo ao exame do mérito.

DO RECURSO DA DEFESA

Irresignada com o teor da sentença monocrática, a aguerrida defesa, em suas razões de recurso postula a absolvição do apelante, ao fundamento de não restar demonstrado no acervo probatório ter o mesmo no momento do fatídico acidente agido com culpa (imperícia, imprudência ou negligência).

Em acurada análise dos autos, verifico que razão assiste a douta defesa em seu inconformismo, vez que a prova trazida aos autos não é concludente em demonstrar a culpa do apelante pelo atropelamento ocorrido.

O réu, por ocasião de seu interrogatório (fl. 69) afirmou de forma veemente que quando da ocorrência do atropelamento estava empreendendo em seu veículo velocidade compatível com o local, sendo certo que veio a atingir a vítima porque esta, de forma repentina, surgiu à sua frente, não lhe dando a mínima oportunidade de efetivar de forma satisfatória um desvio de percurso, de modo que não viesse a colhê-la.

Testemunhas do fato, acerca do ocorrido, disseram:

> *(...) o depoente estava ocupando o banco da frente do veículo pampa conduzido pelo acusado no dia dos fatos e viu o atropelamento da vítima Maria da Glória (...) o acusado tinha acabado de passar pelo trevo que vai para Jacutinga e nem tinha imprimido muita velocidade no veículo, estava o conduzindo a 50/60 quilômetros por hora; acerca de 30 ou 40 metros o depoente viu que a vítima vinha com outras duas pessoas à beira da pista; de repente "ela cambaleou e caiu na frente da caminhonete conduzida pelo acusado" (...)* (Luiz Carlos de Andrade – fl. 87)
>
> *(...) o acusado imprimia uma velocidade de 60 quilômetros por hora na pampa e quando se aproximava da vítima estava meio tonta e caiu em cima da caminhonete e depois "de banda" (...)* (Warley Coelho – fl. 89)
>
> *(...) quando o veículo aproximou-se da vítima "ela adentrou mais para dentro do asfalto, oportunidade em que ela foi colhida (...)* (Silmar Antônio de Andrade – fl. 91)

Embora as testemunhas supracitadas sejam conhecidas do réu, tenho que não há no caderno probatório motivo para desacreditá-las.

Os peritos subscritores da perícia de fls. 40/45 não chegaram a nenhuma conclusão acerca do evento em apuração.

Pois bem, durante a instrução probatória não restou demonstrado de forma incontroversa que o apelante na condução de seu veículo Pampa tenha inobservado o dever de cuidado objetivo, que é elemento imprescindível para a configuração do tipo culposo.

Na lição de Mirabete, tem-se conceituado o crime culposo como "a conduta voluntária (ação ou omissão) que produz resultado antijurídico não querido, mas previsível, e excepcionalmente previsto, que podia, com a devida atenção, ser evitado".

Logo, para a caracterização do delito culposo, é necessária a conjugação dos seguintes elementos:

1. Conduta humana voluntária, comissiva ou omissiva;

2. Inobservância de um dever objetivo de cuidado (negligência, imprudência ou imperícia);

3. O resultado lesivo não desejado, tampouco assumido, pelo agente;

4. Nexo de causalidade entre a conduta do agente que deixa de observar o seu dever de cuidado e o resultado lesivo dela advindo;

5. Previsibilidade;

6. Tipicidade.

As provas colhidas são frágeis e escassas, e não apontam no sentido de que o apelante tenha obrado com imprudência, imperícia ou negligência no guiar sua motocicleta.

Portanto, não restando seguramente estabelecida a contribuição do acusado para o evento, não se pode impor condenação porque esta exige que a culpa seja cabalmente demonstrada.

Neste sentido, aliás, vem se manifestando a jurisprudência:

> *É cediça a afirmação de que a culpa não se presume e necessita vir cumpridamente provada, para se justificar um decreto condenatório, pois nos delitos culposos ela integra o próprio tipo legal do delito* (TACRIM-SP – AC – Rel. Toledo Assumpção – RT 415/246).

Permissa venia, no meu entender a sentença primeva padece de reforma, eis que não restou sobejamente perlustrado no caderno processual que o apelante tenha concorrido para a ocorrência do evento, visto que existe a possibilidade de que a culpa pelo acidente tenha sido exclusiva da vítima.

É sabido que, na Seara Penal, uma condenação somente pode prevalecer quando alicerçada em provas firmes, seguras e desprovidas de quaisquer dúvidas, sob pena de se impor a absolvição com supedâneo no princípio do *in dubio pro reo*.

Assim, é imperativo dizer que com base na prova trazida aos autos não podemos firmar um juízo de reprovação com a certeza plena e incontestável de que foi o acusado quem, agindo com culpa, deu causa ao atropelamento que vitimou fatalmente Maria da Glória.

A meu modesto sentir, se para a absolvição basta a dúvida, para a condenação urge a certeza, e, neste contexto, é irrefutável a máxima de que, na dúvida, milita em favor do réu a presunção de inocência.

Vê-se, pois, que inexistindo provas seguras quanto à autoria do delito suficientes para dar respaldo a uma decisão condenatória, impõe-se à absolvição do acusado com base no princípio do *in dubio pro reo*.

"Aplicação do princípio '*in dubio pro reo*'. Autoria pelo apelante sinalizada como mera possibilidade. Tal não é bastante para condenação criminal, exigente da certeza plena.

Como afirmou Carrara, a prova para condenar deve ser certa como a lógica e exata como a matemática" (RJTJERGS 177/136).

Desta forma, não vislumbrando a culpa necessária a embasar a condenação pelo delito previsto no art. 302, da Lei nº 9.503/97, deve ser o réu absolvido da prática do referido delito, com supedâneo no inciso VI, do art. 386, do Digesto Processual Penal.

DO RECURSO MINISTERIAL

Quanto ao crime do art. 309, da Lei nº 9.503/97, mantida deve ser a absolvição do acusado, haja vista que conforme se afere à fl. 72, o réu ao tempo do ocorrido era habilitado.

Depois, ainda que a carteira do réu estivesse vencida ao tempo dos fatos, isso lhe acarretaria apenas penalidades no âmbito administrativo e não no âmbito penal.

No que se refere ao art. 305 do CTB, tenho que tal infração não pode ser imputada ao réu, isso, porque não foi ele o culpado pelo fatídico evento que deu causa à morte da vítima Maria da Glória.

Ademais, impossível punir uma pessoa por evadir-se do local dos fatos, alegando que assim agiu para fugir à responsabilidade penal ou civil, se não foi ela a autora do evento danoso. Destarte, mantida deve ser a absolvição do réu, no que se refere ao disposto no art. 305 do CTB.

Por fim, tendo o réu se envolvido em acidente de trânsito, lhe era exigível ainda que não fosse o autor da infração, prestar socorro à vítima, e isso ele não fez.

Desse modo, tenho que resta patente a omissão de socorro por parte do acusado, portanto, deve o mesmo ser condenado como incurso nas sanções do art. 304 do CTB.

Assim passo a dosar-lhe a pena do seguinte modo:

Considerando a culpabilidade do acusado, sua conduta está a merecer a censurabilidade própria de toda prática delituosa em face do ordenamento jurídico, eis que é imputável, logo, dotado de discernimento suficiente para entender o caráter ilícito do fato e de determinar-se de acordo com esse entendimento, possuindo potencial consciência da ilicitude.

Os antecedentes são imaculados.

A personalidade e a conduta social não devem influir na pena, tendo em vista que não há nos autos elementos para aferi-las.

Os motivos do crime são injustificáveis.

As circunstâncias são aquelas próprias do tipo penal do art. 304 do CTB.

As consequências do crime hão de ser bastante sopesadas, eis que a vítima veio a óbito.

O comportamento da vítima em nada contribuiu para o resultado.

Assim, fixo-lhe a pena-base em 08 (oito) meses de detenção, reprimenda que torno definitiva à mingua de outras causas modificadoras.

Fixo-lhe o regime prisional aberto.

Substituo a pena corporal por uma restritiva de direitos, consistente em prestação pecuniária, no importe de 03 (três) salários mínimos, devendo ser revertida aos familiares da vítima.

Isto posto, mediante tais considerações, DOU PROVIMENTO AO RECURSO DEFENSIVO, para absolver o réu do crime do art. 302, da Lei nº 9.503/97, com espeque no art. 386, VI, CPP, E DOU PARCIAL PROVIMENTO AO RECURSO MINISTERIAL, tão apenas para condenar o acusado pela infração do art. 304, também da Lei nº 9.503/97.

É como o voto.

VOTO
O SR. DES. HÉLCIO VALENTIM:

No julgamento do presente recurso, acompanho o ilustre Relator, em todos os termos do seu judicioso voto. Todavia, não posso fazê-lo sem deixar registrada uma ressalva nesse meu posicionamento.

É que, a meu sentir, é perfeitamente possível extrair da certidão e da folha de antecedentes criminais dados que permitam aferir a conduta social, pois o fato de alguém ser assíduo frequentador das delegacias de polícia e da Justiça Penal não deixa qualquer dúvida de que possui conduta social desajustada.

Todavia, tenho por corretamente aplicada a pena imposta ao apelante, por entendê-la necessária e suficiente para a prevenção e reprovação do crime.

Não sem antes fazer essas considerações, acompanho o eminente Desembargador Relator.

É como voto!

VOTO
O SR. DES. PEDRO VERGARA:
De acordo com o Relator.

EXTRATO DA ATA
Apelação Criminal Nº 1.0281.03.002715-1/001 – TJMG – Rel.: Desembargador Vieira de Brito. Apte: Paulo Afonso da Silva – Primeiro, Ministério Público Estado Minas Gerais – Segundo. Apdo: Ministério Público do Estado de Minas Gerais, Paulo Afonso da Silva.

Decisão: Isto posto, mediante tais considerações, DOU PROVIMENTO AO RECURSO DEFENSIVO, para absolver o réu do crime do art. 302, da Lei nº 9.503/97, com espeque no art. 386, VI, CPP, E DOU PARCIAL PROVIMENTO AO RECURSO MINISTERIAL, tão apenas para condenar o acusado pela infração do art. 304, também da Lei nº 9.503/97.

"HABEAS CORPUS"

"HABEAS CORPUS" Nº 84.380-8 MG
Segunda Turma do Supremo Tribunal Federal
Relator: Ministro Gilmar Mendes
Paciente: Marco Aurélio Ferreira dos Anjos
Impetrante: Maurício de Oliveira Campos Júnior e
Outro(a/s)
Coator: SUPERIOR TRIBUNAL DE JUSTIÇA

EMENTA
HABEAS CORPUS

1. *Habeas Corpus.*

2. Homicídio culposo agravado pela omissão de socorro.

3. Pedido de desconsideração da causa de aumento de pena prevista no art. 121, § 4º, do Código Penal, para que se opere a extinção da punibilidade, em face da consequente prescrição da pretensão punitiva, contada pela pena concreta.

4. Alegação de que, diante da morte imediata da vítima, não seria cabível a incidência da causa de aumento da pena, em razão de o agente não ter prestado socorro. Alegação improcedente.

5. Ao paciente não cabe proceder à avaliação quanto à eventual ausência de utilidade de socorro.

6. *Habeas Corpus* indeferido.

ACÓRDÃO

Vistos, relatados e discutidos estes autos, acordam os Ministros do Supremo Tribunal Federal, em Segunda Turma, sob a Presidência do Senhor Ministro Celso de Mello, na conformidade da ata de julgamento e das notas taquigráficas, por maioria de votos, indeferir o pedido de *habeas corpus*, nos termos do voto do relator.

Brasília, 05 de abril de 2005.

CELSO DE MELLO, Presidente

GILMAR MENDES, Relator.

RELATÓRIO

O SENHOR MINISTRO GILMAR MENDES – (Relator):

O Parecer elaborado pela eminente Dra. Delza Curvello Rocha, Subprocuradora – Geral da República, assim relata o caso:

Cuida-se de *habeas corpus* impetrado com pedido de concessão de liminar, *"para o fim de obstar o início de cumprimento da pena (...) determinando-se o recolhimento de mandado de prisão porventura expedido, ou que se pretenda expedir..."* (fl. 16), em favor de *MARCO AURÉLIO FERREIRA DOS ANJOS*, condenado pelo juízo monocrático à pena de 03 (três) anos e 04 (quatro) meses de detenção, como incurso nas sanções do art. 121, § 3º e § 4º, do Código Penal, tendo em grau de apelação sido promovida a diminuição da pena-base, restando caracterizada em 02 (dois) anos e 04 (quatro) meses de detenção, contra o v. acórdão da Quinta Turma do Colendo Superior Tribunal de Justiça que, por maioria, conheceu e negou provimento ao recurso especial sob alegação de divergência jurisprudencial, no sentido de ser desconsiderada a causa de aumento de pena, eis que entende, o ora impetrante, que a morte imediata da vítima descaracteriza a omissão de socorro, conforme decisão abaixo ementada:

CRIMINAL. RECURSO ESPECIAL. HOMICÍDIO CULPOSO. AGRAVADO PELA OMISSÃO DE SOCORRO. DESCONSIDERAÇÃO DA CAUSA DE AUMENTO. SUPOSIÇÕES ACERCA DAS CONDIÇÕES FÍSICAS DA VÍTIMA.

COMPETÊNCIA DO ESPECIALISTA LEGALMENTE HABILITADO E NÃO DO AGRESSOR. IMPOSSIBILIDADE. RECURSO DESPROVIDO.

I. É inviável a desconsideração do aumento de pena pela omissão de socorro, se verificado que o réu estava apto a acudir a vítima, não existindo nenhuma ameaça à sua vida nem à sua integridade física.

II. A prestação de socorro é dever do agressor, não cabendo ao mesmo levantar suposições acerca das condições físicas da vítima, medindo a gravidade das lesões que causou e as consequências de sua conduta, sendo que a determinação do momento e causa da morte compete, em tais circunstâncias, ao especialista legalmente habilitado.

III. Recurso desprovido.

2. Colhe-se dos autos que dessa decisão foi interposto o AI 498.277-6, perante esse Colendo Supremo Tribunal Federal, tendo sido negado seguimento, conforme o r. despacho de fl. 210.

3. Insiste, o impetrante, nos mesmos argumentos do recurso improvido, ou seja, que o paciente sofre constrangimento ilegal decorrente da aplicação do aumento de pena pela omissão de socorro, previsto no § 4º do art. 121 do Código Penal, alegando que *"entendendo ser impossível a majoração da pena, tendo em vista a morte imediata da vítima"*, e por isso, a pena deva restar concretizada em 01 ano e 09 meses de detenção, o que impunha o reconhecimento da declaração da extinção da punibilidade do paciente, em virtude da prescrição da pretensão punitiva contada pela pena concreta, nos termos do art. 107, inciso IV, c/c art. 110 e 109, V, todos do Código Penal."

Indeferi a liminar (fl. 212).

O parecer do Ministério Público é no sentido do indeferimento da ordem de *habeas corpus* (fls. 215 a 218).

É o relatório.

VOTO

O SENHOR MINISTRO GILMAR MENDES – (Relator):

Em seu parecer, a ilustre Subprocuradora-Geral da República, Dra. Delza Curvelo, anota:

"6. Conforme entendimento do Supremo Tribunal Federal '*No homicídio culposo a ausência de imediato socorro a vítima é causa de aumento de pena*' (HC 68.894/RS, Rel. Min. Marco Aurélio).

7. E nesse sentido foi a fundamentação do aresto vergastado: '*da decisão recorrida se constata que nenhuma circunstância exculpante socorre o recorrente. A alegação de que as lesões causaram morte imediata também não se presta à exclusão da circunstância especial do aumento de pena, pois, ao agressor, não cabe, no momento do fato, presumir as condições físicas da vítima, mediando a gravidade das lesões que causou e as consequências de sua conduta.*

Tal responsabilidade é do especialista médico, autoridade científica e legalmente habilitada para, em tais circunstâncias, estabelecer o momento e a causa da morte' (fl. 137).

8. Verifica-se, ainda, do acórdão proferido no recurso de apelação a seguinte fundamentação a respeito da exasperação da reprimenda da omissão de socorro:

> "(...) *Colheu a vítima, sem tentar controlar o movimento do automóvel, não se detectando sinais de frenagem na pista. Permaneceu indiferente à aglomeração normal de pessoas à frente da boate, sem se importar com a situação de perigo que causava aos transeuntes, quando não cuidou de reduzir a marcha, conforme lhe ordenava o bom senso.*
>
> *Indisfarçável sua negligência e imprudência, dando causa ao acidente que vitimou a jovem Fernanda, não se admitindo sequer cogitar-se de culpa da vítima, diante da inquestionável prevalência de culpa do réu.*
>
> *Por outro lado, a exasperação da reprimenda, derivada da omissão de socorro, deve ser mantida.*

O agente tinha condições físicas de fazê-lo, tanto que, após o sinistro, ainda conversou com uma testemunha (fls. 17 e fls. 86).

Nenhum indício de situações de risco à sua pessoa, desautorizando-o a clamar por temor de represália por parte das pessoas que estavam no local.

A presença de terceiros no local e o estado da ofendida após o acidente, se ferida ou morta, não o eximem da obrigação de diligenciar para prestar socorro. Não tinha ele condições de proceder a tal avaliação, não lhe competindo, pois, detectar o real estado da vítima, para concluir se merecia ou não o socorro.

A condenação pelo homicídio culposo deve ser mantida, da mesma forma que se impõe a permanência da qualificadora, traduzida na omissão de socorro.

(...) O réu é primário, de bons antecedentes. Sua conduta e personalidade não se contaminaram de forma irremediável pelo evento culposo. Sem dúvida, intensa a culpabilidade de suas condutas e graves as consequências, com a morte de uma jovem.

Contudo, não são de todo desfavoráveis as circunstâncias do art. 59 do Código Penal, em que pesem a dor e o sentimento de revolta causado pelo evento funesto, razão pela qual não é de aplicar-se à hipótese a jurisprudência citada.

Assim, a pena deve se ater às diretrizes legais, e – pelos motivos acima – não poderia mesmo aproximar-se do limite máximo cominado.

Deste modo, fica alterada a pena-base para um ano e nove meses de detenção. Diante da qualificadora da omissão de socorro, acrescento um terço, concretizando-a em dois anos e quatro meses de detenção.

De acordo com o disposto no art. 33, § 2º, alínea "c", do CP – tendo em vista as circunstâncias judiciais, conforme acentuei – será aberto o regime para o cumprimento da condenação..." (fls. 88/89 – grifos do original).

Não vislumbro razão para reforma das decisões atacadas. E não vejo, no caso, como acolher a alegação do réu, no sentido de se excluir a aplicação do disposto no § 4º do art. 121 do Código Penal, tendo em vista a morte instantânea da vítima. O paciente tinha condições de promover ou auxiliar no socorro de sua vítima, o que não fez. E não cabia ao paciente proceder à avaliação quanto à eventual ausência de utilidade do socorro, tendo em vista a morte instantânea da vítima, conforme concluíram o Tribunal de Justiça de Minas Gerais e o Superior Tribunal de Justiça. Tal interpretação acabaria por esvaziar o sentido da regra do § 4º do art. 121, no que toca à reprovação da omissão do agente.

Meu voto, portanto, é no sentido do indeferimento da ordem.

VOTO
O SR. MINISTRO CARLOS VELLOSO:

Sr. Presidente, em homenagem à excelente sustentação oral, produzida pelo ilustre advogado, dos maiores criminalistas mineiros, apenas aduzo duas palavras. A razão para a causa de aumento de pena não prestar socorro está no exigir daquele que pratique um atropelamento um ato de solidariedade, no sentido que faça algo em favor da vítima, para que ela possa eventualmente ser salva em razão dos ferimentos. Não me parece razoável, pois, excluir essa causa de aumento de pena sob a alegação de que a morte teria sido instantânea.

Pergunto: será que o paciente teve notícia imediatamente após o acidente de que a vítima já estava morta? Quer dizer, deveria ele, pelo menos, cuidar de verificar se isso ocorrera e desenvolver esforços no sentido de transportá-la ao hospital, ou prestar-lhe, enfim, socorro, o que infelizmente não aconteceu. Faltou, pois, o ato de solidariedade humana.

Com essas brevíssimas considerações, acompanho o voto do Sr. Ministro-Relator, não sem antes ressaltar a excelente sustentação oral produzida pelo eminente advogado do paciente, dos maiores criminalistas do meu Estado-natal.

VOTO

O SENHOR MINISTRO CELSO DE MELLO – (Presidente):

A situação referida na impetração – ocorrida em momento anterior ao da edição do Código de Trânsito Brasileiro (Lei nº 9.503/97) – é incontroversa, uma vez que o impetrante comprovou, com apoio na própria denúncia oferecida pelo Ministério Público (que reconhece tal fato), que o atropelamento provocado pelo ora paciente causou a morte imediata da vítima.

O Código Penal, aplicável ao caso ora em exame, dispõe, em seu art. 121, § 4º, que, *"No homicídio culposo, a pena é aumentada de 1/3 (um terço) (...), se o agente deixa de prestar imediato socorro à vítima (...)"* (grifei).

A razão subjacente à mencionada causa especial de aumento de pena tem a justificá-la, basicamente, uma exigência de caráter ético-social, eis que se impõe, a quem provoca o atropelamento, o dever de prestar efetivo socorro à vítima, em ordem a minorar e atenuar as graves consequências resultantes do evento lesivo.

Tenho para mim, no entanto, atendo-me à espécie ora em exame, que a causa especial de aumento de pena, prevista em nossa legislação, somente incidirá, como assinala DAMÁSIO E. DE JESUS (*Código Penal Anotado*. 11ª ed., São Paulo: Saraiva, 2001, p. 400), quando a prestação do auxílio revestir-se de eficácia, pois – acentua esse eminente penalista – se a vítima falecer no momento do fato (é o que sucedeu no caso), tornar-se-á impossível aplicar, ao agente, por absoluta inutilidade da providência reclamada (prestação de socorro), o mencionado fator de exasperação da pena.

Esse entendimento – que sustenta a exclusão da causa especial de aumento de pena no homicídio culposo, quando ocorrer a morte instantânea da vítima – encontra apoio no magistério doutrinário de eminentes autores, tais como CEZAR ROBERTO BITENCOURT (*Código Penal Comentado*. 2ª ed., São Paulo: Saraiva, 2004, p. 401) e LUIZ REGIS PRADO (*Comentários ao Código Penal*. RT, 2002, p. 423), *"inter alia"*.

Cabe assinalar, neste ponto, por relevante, presentes as razões expostas, que há, na jurisprudência pátria, expressivos acórdãos que consagram essa orientação:

> *O valor resguardado pela norma do art. 121, § 4º, do CP é o que diz com a solidariedade humana em procedimento de mínima caridade de dar socorro à vítima de acidente. Demonstrando o laudo de exame cadavérico que a vítima sofreu morte instantânea, não se justifica esse "plus" da omissão de socorro, já que o acusado nada poderia fazer a esse título.* (RT 671/343, Rel. Juiz MARREY NETO – grifei)
>
> *Tendo a vítima morte instantânea, impossível se torna a prestação de qualquer socorro.* (Julgados do TACRIM/SP, v. 39/315, Rel. Juiz MACHADO DE ARAÚJO – grifei)
>
> *Em tema de delito culposo de trânsito, falecendo a vítima de imediato, não há falar em omissão de socorro em relação a ela.* (Julgados do TACRIM/SP, v. 51/410, Rel. Juiz CAMARGO ARANHA – grifei)
>
> *A circunstância de ter se afastado do local não pode ser considerada agravante, vez que a menor teve morte instantânea e o réu nada poderia fazer para socorrê-la, representando seu gesto mais uma manifestação de desespero do que a atribuída omissão de socorro.* (Julgados do TACRIM/SP, vol. 70/386, Rel. Juiz ROCHA LIMA – grifei)

Diverso seria o meu entendimento, no entanto, se a vítima, atropelada pelo ora paciente, não tivesse tido morte instantânea e, sobrevivendo, ainda que por pouco tempo, ao acidente automobilístico, houvesse sido abandonada, injustamente, pelo autor do fato lesivo, sem qualquer atendimento por parte deste, vindo a falecer em momento posterior.

Em tal situação, porque ainda eficaz o socorro, não teria qualquer dúvida em acompanhar o voto do eminente Relator.

Ocorre, porém, que tal não se registrou no caso ora em exame.

Por isso, e considerando a singularidade da espécie em julgamento, peço vênia para deferir o pedido de *"habeas corpus"*, nos termos em que formulado, pois, afastada a causa especial de aumento de pena (que reputo inaplicável ao caso), resta caracterizada a consumação da prescrição penal, impondo-se, em consequência, a declaração da extinção de punibilidade do ora paciente.

VOTO
O SENHOR MINISTRO GILMAR MENDES (RELATOR):

Aqui, só para argumentar, fiquei impressionado com o caso.

Agora, parece-me, mas V. Exa., também, ressalta a singularidade, a devolver esse tipo de juízo ao próprio paciente, no caso o agressor, corremos o risco de talvez tornar plenamente ineficaz o § 4º, porque em todas as hipóteses não haveria sequer o atendimento desse primeiro objeto mencionado por V. Exa., que é um dever elementar de solidariedade social e que, aqui, pelo relato, não se tem um gesto sequer de aproximação, de tentativa de verificação, comum dentro dos padrões normais da civilidade. De modo que o mesmo constrangimento que V. Exa. enfrenta, também enfrento nesse caso, mas vamos trilhar caminhos diversos. Entendo que, nessa hipótese, é de se manter, para que se tenha algum efeito útil, a causa de aumento do § 4º.

EXTRATO DA ATA

HC nº 84.380-8 – MG – Rel.: Ministro Gilmar Mendes. Pacte.: Marco Aurélio Ferreira dos Anjos. Impte.: Maurício de Oliveira Campos Júnior e Outro (A/S). Coator: Superior Tribunal de Justiça.

Decisão: A Turma, por votação majoritária, indeferiu o pedido de *habeas corpus*, nos termos do voto do Relator, vencido o Presidente, que o deferia. Falou, pelo paciente, o Dr. Maurício de Oliveira Campos Júnior. Ausente, justificadamente, neste julgamento, a Senhora Ministra Ellen Gracie.

Presidência do Senhor Ministro Celso de Mello. Presentes à sessão os Senhores Ministros Carlos Velloso, Gilmar Mendes e Joaquim Barbosa.

Subprocurador-Geral da República, Dr. Paulo da Rocha Campos.

Carlos Alberto Cantanhede, Coordenador.

APELAÇÃO CRIMINAL – HOMICÍDIO CULPOSO E LESÕES COR-
PORAIS NA DIREÇÃO DE VEÍCULO AUTOMOTOR – ÉDITO
CONDENATÓRIO CONTRÁRIO AOS FATOS REPRODUZIDOS
NOS AUTOS – DESCABIMENTO – AUTORIA E MATERIALIDADE
COMPROVADAS – PROVAS SUFICIENTES A ALICERÇAREM A
SENTENÇA CONDENATÓRIA – AUSÊNCIA DE IMPRUDÊNCIA –
CULPA EXCLUSIVA DA VÍTIMA – IRRELEVÂNCIA – IMPRUDÊN-
CIA DO MOTORISTA – OMISSÃO DE SOCORRO – IMPROCE-
DENTE – INTERESSE DE AGIR INEXISTENTE – DESCABIMENTO
DA APLICAÇÃO DA PENA CUMULATIVA DE PROIBIÇÃO PARA
OBTER CARTEIRA DE HABILITAÇÃO – PARCIALMENTE PROCE-
DENTE – SUSPENSÃO DO DIREITO DE OBTER HABILITAÇÃO EM
DESPROPORCIONALIDADE COM A PENA PRIVATIVA DE LIBER-
DADE – INSURGÊNCIA DO MINISTÉRIO PÚBLICO QUANTO À
APLICAÇÃO DA ATENUANTE DA MENORIDADE – DESCABI-
MENTO – PENA APLICADA NO MÍNIMO LEGAL – RECURSO
PARCIALMENTE PROVIDO.

APELAÇÃO CRIMINAL Nº 0250946-0 – PR
Quarta Câmara Criminal do Tribunal de Alçada do Estado do Paraná
Relator: Desembargador Tufi Maron Filho
Apelante: Leandro Petrini
Apelado: Ministério Público do Estado do Paraná

EMENTA

APELAÇÃO CRIMINAL – HOMICÍDIO CULPOSO E LESÕES CORPO-
RAIS NA DIREÇÃO DE VEÍCULO AUTOMOTOR – ÉDITO CONDENATÓRIO
CONTRÁRIO AOS FATOS REPRODUZIDOS NOS AUTOS – DESCABIMENTO –
AUTORIA E MATERIALIDADE COMPROVADAS – PROVAS SUFICIENTES A
ALICERÇAREM A SENTENÇA CONDENATÓRIA – AUSÊNCIA DE IMPRUDÊN-
CIA – CULPA EXCLUSIVA DA VÍTIMA – IRRELEVÂNCIA – IMPRUDÊNCIA
DO MOTORISTA – OMISSÃO DE SOCORRO – IMPROCEDENTE – INTERESSE
DE AGIR INEXISTENTE – DESCABIMENTO DA APLICAÇÃO DA PENA CUMU-

lativa de proibição para obter Carteira de Habilitação – Parcialmente procedente – Suspensão do direito de obter habilitação em desproporcionalidade com a pena privativa de liberdade – Insurgência do Ministério Público quanto à aplicação da atenuante da menoridade – Descabimento – Pena aplicada no mínimo legal – Recurso parcialmente provido.

1. A prova deve ser apreciada em seu conjunto, não podendo ser desprezados depoimentos de testemunhas e nem indícios e presunções que levam à conclusão da responsabilidade penal do acusado.

2. O motorista não habilitado que trafega sem tomar os cuidados necessários à direção, e, consequentemente, vem a derrapar e colidir com pessoas que trafegavam na rua, dando causa ao evento morte e lesões corporais, age com manifesta culpa.

3. Em se tratando de homicídio culposo e lesões corporais decorrentes de acidente de trânsito, tendo restado demonstrado que o sentenciado agiu com imprudência, é irretocável a decisão condenatória.

4. Não há que se falar em omissão de socorro, se ausentes nos autos qualquer interesse de agir, visto não haver condenação em decorrência desta causa de aumento de pena.

5. A suspensão do direito de obter carteira de habilitação para dirigir veículo automotor, se apresentar certa desproporcionalidade com a pena privativa de liberdade, deve ser reduzida a fim de equipará-las.

6. Fixada a pena em seu mínimo legal, descabe reduzí-la aquém do mínimo, mesmo em face à existência de circunstância atenuante. Aplicação da Súmula nº 231/STJ.

7. Recurso parcialmente provido.

ACÓRDÃO

Vistos, relatados e discutidos estes autos de Apelação Criminal nº 250.946-0 da Vara Criminal da Comarca de Santo Antônio da Platina, deste Estado, em que é apelante Leandro Petrini e apelado Ministério Público do Estado do Paraná.

Acordam os Juízes do TRIBUNAL DE ALÇADA do Estado do Paraná, em sua Quarta Câmara Criminal, por unanimidade de votos dar parcial provimento ao recurso, nos termos deste julgamento.

Curitiba, 29 de abril de 2.004.

LÍDIO J. R. DE MACEDO, Presidente

TUFI MARON FILHO, Relator.

RELATÓRIO

O SR. DES. TUFI MARON FILHO:

Leandro Petrini foi denunciado, processado e condenado em sentença de primeiro grau, pelo MM. Juízo da Vara Criminal da Comarca de Santo Antônio da Platina, às penas restritivas de direitos, consistentes em pagamento de pena pecuniária no valor de 05 (cinco) salários mínimos vigentes à época dos fatos, como incurso nas sanções do artigo 302, parágrafo único, inciso I (homicídio culposo na direção de veículo automotor, qualificado pela não obtenção de carteira de habilitação), 03 (três) salários mínimos vigentes à época dos fatos, como incurso nas sanções do artigo 303 (lesões corporais), ambos do Código de Trânsito Brasileiro – Lei nº 9.503/97, e ainda, a proibição de obter a carteira nacional de habilitação para dirigir veículo automotor e motocicleta, pelo prazo de 03 (três) anos e 08 (oito) meses, pela prática do seguinte fato descrito na denúncia:

"Em data de 27 de dezembro de 1998, por volta das 21:30 horas, o denunciado, que não é habilitado, conduzia a motocicleta marca Yamaha / DT 180, cor preta, placa AAB 5.587/Andirá/PR, pela rua Cel. Joaquim Rodrigues do Prado, no centro desta cidade, vindo a atropelar a vítima Ana Silvério da Silva, e com o impacto a motocicleta caiu, deslizando, atingindo as vítimas Amalis Lemas da Silva e Lucas Lemes da Silva que estavam defronte a uma barraca de lanches existente no local.

Após o acidente, o denunciado evadiu-se do local, deixando de prestar socorro às vítimas do acidente.

A vítima Ana Silvério da Silva faleceu em decorrência dos ferimentos sofridos, como noticia o laudo cadavérico de fls., e as vítimas Amalis

Lemes da Silva e Lucas Lemes da Silva Mendes sofreram ferimentos leves, conforme laudos periciais de fls e fls.

O denunciado agiu com manifesta imprudência, eis que avistando a vítima Ana Silvério da Silva, pessoa de sessenta e oito anos de idade, atravessado a via pública, não tomou as cautelas necessárias para evitar o atropelamento (utilização de sinal de advertência – buzina – diminuição da marcha de seu conduzido, desvio), dando causa do evento lesivo, e na sequência perdeu o controle do seu conduzido, indo ao chão, e a motocicleta veio a atingir outras duas vítimas Amalis Lemas da Silva e o filho desta, Lucas Lemes da Silva Mendes."

Inconformado com a r. sentença condenatória, interpôs o presente recurso pleiteando sua absolvição, vez que a sentença é contrária aos fatos reproduzidos em juízo, visto que o acidente foi causado por culpa exclusiva da vítima. Aduz que não houve imprudência, pois além de não estar em alta velocidade, não é pelo fato de não possuir carteira de habilitação que deve ser responsabilizado. Ainda, alega que não foi omisso ao prestar socorro às vítimas, pois apenas saiu do local dos fatos porque foi intimidado pelas pessoas que ali estavam. Por fim, pleiteia a não aplicação da pena cumulativa de proibição de obter carteira de habilitação, afirmando que precisa desta para efetuar suas atividades laborais.

O apelo foi contra-arrazoado pelo Ministério Público de primeiro grau, o qual pugnou pela manutenção *in totum* da decisão recorrida.

Enviado o feito à ilustre Procuradoria Geral de Justiça, mediante douto parecer manifestou-se pelo conhecimento, porém pelo improvimento do recurso, para manter a decisão recorrida, reformando-a de ofício na parte em que deixou de ser aplicada a atenuante da menoridade.

Eis o relatório, passo a decisão.

VOTO

Em que pese as argumentações trazidas nesta Apelação Criminal pelo defensor, objetivando, em síntese, a absolvição do acusado por inexistência de provas, visto a vítima ser a única culpada pelo acidente, *data venia*, o pedido formulado somente em parte merece prosperar.

Contrariamente ao sustentado, as provas produzidas no caderno processual são suficientes e indiscutivelmente autorizam o édito condenatório do recorrente. Restam a autoria e materialidade delitivas configuradas pelo boletim de ocorrência, laudo de exame cadavérico, certidão de óbito, laudos de exames de lesões corporais, bem como pelos depoimentos testemunhais, que demonstram plena coerência entre si, não deixando transparecer qualquer dúvida capaz de anular a condenação.

A vítima Amalis Lemes da Silva declara que, "(...) estava com seu filho em frente a uma barraca de lanches na Rua Coronel Joaquim Rodrigues do Prado; (...) e que o denunciado atingiu a informante no ombro e perna esquerda; (...) que seu filho Lucas, que na época tinha 06 (seis) anos, com o impacto da batida 'voou quase um metro de distância'; (...) seu filho Lucas até hoje apresenta cicatrizes no pescoço e no peito (...)".

A testemunha Cleusa Nunes de Castro confirma que, "(...)recorda-se de ter ouvido o barulho da moto conduzida pelo denunciado bater em seu *trailer*; (...) ao que lhe consta o denunciado levantou-se e foi embora (...)".

Quando interrogado, o réu confessa em parte a autoria dos delitos. Afirma: "(...) que de fato ocorreu um acidente que envolveu o denunciado; (...) que de repente surgiu uma mulher em sua frente, quando tentou desviá-la mas foi inevitável a colisão; que em razão da colisão caiu com a moto; que a moto deslizou e atingiu duas crianças que estavam sentadas em uma barraca de lanches; (...) que o interrogado não possuía habilitação para conduzir motocicleta (...)".

Isto demonstra que as provas carreadas aos autos, são mais do que suficientes a ensejar o decreto condenatório pelos delitos de homicídio culposo e lesões corporais; e, ainda que a vítima possua sua parcela de culpa, como tenta fazer crer o recorrente, por se mostrar indecisa ao atravessar a rua, este não fica isento de responsabilidade, dada a inexistência de compensação de culpas em matéria penal.

Assim determina o artigo 44 do Código de Trânsito Brasileiro:

> *Ao aproximar-se de qualquer tipo de cruzamento, o condutor do veículo deve demonstrar prudência especial, transitando*

em velocidade moderada, de forma que possa deter seu veículo com segurança para dar passagem a pedestre e a veículos que tenham direito de preferência.

Ainda, o perigo do acidente era previsível e evitável, portanto o motorista há de responder pelas consequências, pois nada fez para evitá-lo, violando o dever objetivo de cuidado.

Dessa forma, segundo Arnaldo Rizzardo explica ao comentar o art. 220 do Código de Trânsito Brasileiro:

Mais que nunca, nos casos enumerados, que não esgotam a totalidade de hipóteses de maior perigo, a velocidade coadunar-se-á de modo tal que o condutor tenha condições, ao surpreender-se com um dos eventos, de moderar a marcha ou parar o veículo. Manter-se-á, por outras palavras, em níveis suficientes para dominar uma situação inesperada. Tal se entende na jurisprudência 'Em tema de acidente de trânsito, tanto a velocidade incompatível como as circunstancias do local caracterizam, sem a menor dúvida, culpa por imprudência do condutor.

Também, a versão dada pelo acusado não encontra respaldo no conjunto probatório carreado aos autos. Ao contrário, da análise das provas, dessume-se sua culpa exclusiva no acidente.

A culpa penal, pressupõe a inobservância, por parte do agente, de cuidados objetivos exigíveis do homem comum, nas condições do caso concreto.

Outro aspecto a ser considerado na conduta delitiva culposa é a previsibilidade do resultado. Por outras palavras, existe a possibilidade do agente prever que aquela sua conduta descurada das normas objetivas de cuidado podem conduzir a um evento lesivo. Porém, esta previsibilidade deve ser apreciada objetivamente, isto é, não do ponto de vista individual do agente, mas do ponto de vista do homem comum, em face da experiência relativa ao que frequentemente acontece. Em síntese, é na previsibilidade dos acontecimentos e na ausência de precaução que reside a conceituação da culpa penal.

No caso em tela, a quebra do dever objetivo de cuidado do agente, segundo a peça acusatória, manifestou-se na imprudência deste ao dirigir sem habilitação e sem tomar os cuidados necessários à direção.

Neste sentido, a jurisprudência dominante desta E. Corte de Alçada:

> *Delito de trânsito. Homicídio culposo. Culpabilidade perfeitamente comprovada, na modalidade de imprudência. Dosimetria da reprimenda que ajustou-se à espécie, incluso pelo tempo da suspensão imposta para dirigir veículos. Decisão monocrática integralmente confirmada. Apelação improvida.*
>
> *Apelação Criminal – Acidente de trânsito – Homicídio culposo – Autoria e materialidade comprovadas – Culpabilidade presente – Causa primária – Falta de atenção do apelante – Excesso de velocidade – Inteligência do artigo 302 do Código de Trânsito Brasileiro – Recurso provido.*

Neste diapasão, as razões de apelação, de que o acusado não agiu com imprudência e de que o acidente foi causado por culpa exclusiva da vítima, diante do quadro probatório apresentado, em que ficou plenamente demonstrada a culpa e imprudência do apelante ao dirigir a motocicleta, restam sem fundamentação.

Em continuidade a tese levantada pela Defesa, no que tange a afirmação de que o apelante saiu do local dos fatos porque foi intimidado pelas pessoas que ali se encontravam, para resguardar sua própria vida, não havendo portanto omissão de socorro por sua parte; novamente, não assiste razão o apelante, encontrando-se prejudicada sua tese.

Como qualquer ação, ou recurso, o pedido formulado nos autos deve estar submetido às condições gerais de admissibilidade. Assim, além da *legitimatio ad causam* ativa e passiva, é indispensável que haja possibilidade jurídica do pedido e interesse de agir para que o pedido possa ser conhecido.

Contudo, como não houve manifestação na sentença acerca do aumento de pena em virtude da omissão, falta legítimo interesse ao impetrante, pois quando se faz ausente o prejuízo, desnecessário o pedido.

O interesse de agir se mostrará evidente quando houver ato de coação ou de ameaça ao direito do impetrante. Assim, como no caso, em princípio, não houve prejuízo ao apelante, prejudicado resta a sua pretensão.

Como última tese alegada pela Defesa, aduz o apelante a exacerbação da pena quanto à proibição de obter a Carteira Nacional de Habilitação, visto precisar desta para prestar suas atividades laborais.

Com efeito, conforme decisão retirada dos autos, merece provimento tal alegação.

A pena base, levando-se em consideração as favoráveis condições do apelante, foi fixada pelo juízo em seu mínimo legal, ou seja, 02 anos de detenção para o crime de homicídio culposo e 06 meses de detenção para os crimes de lesões corporais, as quais foram substituídas por penas restritivas de direito.

Logo, por se tratar de pena cumulativa, temos que a suspensão do direito de obter habilitação para dirigir por igual prazo apresenta-se exacerbada.

Consoante estabelecem os artigos 292 e 293 do Código de Trânsito Brasileiro, tal penalidade deve ser estipulada entre 2 (dois) meses e 5 (cinco) anos.

Assim, considerando que a pena privativa de liberdade foi fixada em seu mínimo legal para ambos os crimes, sendo posteriormente substituída, e que a suspensão do direito de obter carteira de habilitação deve apresentar proporcionalidade com esta pena, temos que a suspensão do direito de dirigir veículo automotor e motocicleta deve ser reduzida ao seu patamar mínimo, qual seja, 02 (dois) meses.

Por fim, quanto à insurgência do Ministério Público do Estado do Paraná, no que tange a ausência de aplicação da atenuante da menoridade, na dosimetria da pena, não merece prosperar.

A redução da pena aquém do mínimo legal, diante da fixação de circunstância atenuante, colide com o entendimento externado da Súmula nº 231 do Superior Tribunal de Justiça.

A jurisprudência do Superior Tribunal de Justiça é pacífica nesse sentido:

> *Recurso Especial. Penal. Atenuante. Incidência. Fixação da pena abaixo do mínimo legal. Impossibilidade. Súmula nº 231/STJ.*
>
> *1. Nos termos da súmula nº 231/STJ "a incidência da circunstância atenuante não pode conduzir à redução da pena abaixo do mínimo legal". Precedentes.*
>
> *2. Recurso especial conhecido, mas improvido.*
>
> *Penal. Tentativa de roubo qualificado. Pena base fixada no mínimo legal. Redução aquém do mínimo pela incidência da atenuante da menoridade. Impossibilidade. Aplicação da Súmula nº 231/STJ. Recurso desprovido.*
>
> *I. Fixada e pena em seu mínimo legal, descabe reduzi-la aquém do mínimo, mesmo em face à existência de circunstância atenuante. Aplicação da Súmula nº 231/STJ.*
>
> *II. Recurso desprovido.*

Assim, como a r. sentença proferida pelo MM. Juízo da Vara Criminal da Comarca de Santo Antonio da Platina analisou todas as circunstâncias dos artigos 59 a 68 do Código Penal, fixando a pena em seu mínimo legal, correto o entendimento do magistrado no que se refere às atenuantes, pois impossibilitado este de fixar a pena abaixo do permitido mesmo estando presente a circunstância atenuante da menoridade.

Ex positis, a prova e ao direito invocado, meu voto é no sentido de dar provimento parcial para o recurso, para reduzir o prazo de suspensão do direito de obter a carteira de habilitação para dirigir veículos automotores e motocicletas ao seu mínimo legal, 02 (dois) meses.

EXTRATO DA ATA

Apelação Criminal Nº 0250946-0 – TAPR – Rel.: Desembargador Tufi Maron Filho. Apte Leandro Petrini. Apdo: Ministério Público do Estado do Paraná.

Decisão: Estas as razões pelas quais a Quarta Câmara Criminal do TRIBUNAL DE ALÇADA do Estado do Paraná, por unanimidade de votos, deu parcial provimento ao recurso, para reduzir o prazo de suspensão do direito de obter a carteira de habilitação para dirigir veículos automotores e motocicletas ao seu mínimo legal, 02 (dois) meses.

Presidência do Senhor Desembargador Lídio J. R. de Macedo. Presentes à sessão os Senhores Desembargadores Tufi Maron Filho e Marcus Vinícius de Lacerda Costa.

———⬥———

CIVIL E PROCESSUAL – AGRAVO REGIMENTAL – RESPONSABILIDADE CIVIL – TRANSPORTE COLETIVO – PEDRA LANÇADA – OMISSÃO DE SOCORRO PELO MOTORISTA – PASSAGEIRO – ACIDENTE – INDENIZAÇÃO – REEXAME DO CONJUNTO FÁTICO – PROVAS – IMPOSSÍVEL – SÚMULA Nº 7/STJ – QUANTUM – DANO MORAL – RAZOÁVEL – IMPROVIMENTO.

AGRAVO DE INSTRUMENTO Nº 800.032 – AL
Quarta Turma do Superior Tribunal de Justiça
Relator: Ministro Aldir Passarinho Junior
Agravante: Empresa São Francisco Ltda
Agravado: Sandyonara Camila Ramos da Silva

EMENTA

Civil e Processual – Agravo Regimental – Responsabilidade civil – Transporte coletivo – Pedra lançada – Omissão de socorro pelo motorista – Passageiro – Acidente – Indenização –

Reexame do conjunto fático – Provas – Impossível – Súmula nº 7/stj – Quantum – Dano moral – Razoável – Improvimento.

1. O STJ recebe o quadro probatório tal como delineado pelo Tribunal Estadual e o reexame de provas encontra o óbice da Súmula nº 7 desta Corte.

2. Agravo regimental improvido.

ACÓRDÃO

Vistos e relatados estes autos, em que são partes as acima indicadas, decide a Quarta Turma do Superior Tribunal de Justiça, à unanimidade, negar provimento ao agravo regimental, na forma do relatório e notas taquigráficas constantes dos autos, que ficam fazendo parte integrante do presente julgado. Participaram do julgamento os Srs. Ministros Hélio Quaglia Barbosa, Massami Uyeda e Cesar Asfor Rocha.

Brasília (DF), 08 de maio de 2007.

HÉLIO QUAGLIA BARBOSA, Presidente

ALDIR PASSARINHO JUNIOR, Relator.

RELATÓRIO

O EXMO. SR. MINISTRO ALDIR PASSARINHO JUNIOR:

Empresa São Francisco Ltda. interpõe agravo regimental em face de decisão do seguinte teor (fls. 224/225): "Trata-se de agravo de instrumento manifestado pela Empresa São Francisco Ltda. em face de decisão que inadmitiu o seguimento do recurso especial, interposto pelas alíneas 'a' e 'c', do inciso III, do art. 105 da Constituição Federal, no qual se alega violação aos arts. 333, I, do CPC, 734 e 927, do CC/2002, sob o fundamento de que resta afastada a responsabilidade da empresa, uma vez que o fato é de terceiro, equiparando-se a caso fortuito e que o valor da indenização por dano moral está excessivo. O acórdão restou assim ementado (fl. 103):

CIVIL – APELAÇÃO CÍVEL – INDENIZATÓRIA – TRANS-PORTE COLETIVO – ACIDENTE COM PASSAGEIRO – PERDA DA VISÃO – RESPONSABILIDADE CONTRATUAL

DO TRANSPORTADOR – RECURSO CONHECIDO E IMPRO-VIDO – DECISÃO UNÂNIME.

Em relação ao art. 333, I, do CPC, esta Corte já se manifestou sobre incidir a Súmula nº 7/STJ quanto à necessidade ou não de dilação probatória tomada pelas instâncias ordinárias (4ª Turma, REsp nº 480.364/CE, Rel. Min. Aldir Passarinho Junior, unânime, DJU de 22.04.2003 e 3ª Turma, REsp nº 123.217/PR, Rel. Min. Waldemar Zveiter, unânime, DJU de 14.12.1998).

Quanto ao art. 734 do CC/2002, incide, da mesma forma, a Súmula nº 7 desta Corte. É que inobstante a autora ter sido abordada, em seu olho, por uma pedra que entrou pela janela do ônibus, 'a conduta do motorista do ônibus da empresa ré foi de se omitir em prestar o socorro à passageira. O que estamos enfatizando não é a possível eventualidade do caso, mas sim a forma com que foi conduzida a situação, pois, ao invés de prestar o socorro devido à passageira, o motorista preferiu eximir-se da responsabilidade e deixá-la na rua, não se preocupando com o que poderia acontecer à demandante' (fl. 85).

Em relação ao quantum *indenizatório por dano moral, R\$ 65.000,00 (sessenta e cinco mil reais), não merece o mesmo a intervenção desta Corte, sendo razoável o valor, uma vez que a agravada teve a perda total da visão do olho atingido.*

Assim, por esse mesmo motivo, também resta afastado o dissídio.

Ante o exposto, nego provimento ao agravo."

Sustenta não se aplicar ao caso a Súmula nº 7 do STJ.

Aduz que deve ser aplicada a melhor solução jurídica à espécie fática, de que uma pedra foi arremessada por terceira pessoa, fora do coletivo, atingindo a recorrida, que estava dentro do coletivo de propriedade do recorrente. Diz que a questão é de caso fortuito, ou seja, fato de terceiro totalmente estranho à atividade de transporte de passageiros. Alega ainda que o valor da indenização está excessivo.

Requer, assim, o provimento do recurso.

É o relatório.

VOTO

O EXMO. SR. MINISTRO ALDIR PASSARINHO JUNIOR:

Correta a decisão atacada. Como foi mencionado na decisão, o cerne da questão gira em torno de que, após a conduta lesiva, *"o motorista do ônibus manteve-se inerte, negando à Autora o socorro devido"* (fl. 106), ou seja, era a pessoa que deveria cuidar ou, pelo menos tentar preservar, a segurança dos passageiros, e o seu comportamento foi caracterizado como omisso pelo tribunal estadual. Diante desses fatos, o STJ recebe o quadro probatório tal como delineado pelo Tribunal *a quo*. Aplica-se, de fato, a Súmula nº 7 desta Corte.

Em relação às provas, cito os seguintes precedentes:

> *CIVIL E COMERCIAL – EMBARGOS À EXECUÇÃO – CÉDULA RURAL PIGNORATÍCIA – ALEGAÇÃO DE CERCEAMENTO DE DEFESA PELO INDEFERIMENTO DE PROVA PERICIAL – SÚMULA 07/STJ – CORREÇÃO MONETÁRIA – JUROS – CAPITALIZAÇÃO – PROAGRO.*
>
> *I. Decisão sobre a necessidade ou não de dilação probatória, tomada pelas instâncias ordinárias, não pode ser revista em sede de Especial, pena de se adentrar em terreno fático-probatório. Incidência da Súmula 07/STJ.*
>
> *II. Pacificou-se nesta Corte jurisprudência no sentido de reconhecer o INPC como índice adequado à correção de valores a partir de fevereiro de 1991.*
>
> *III. Capitalização mensal de juros admitida (Súmula 93/STJ).*
>
> *IV. Pagamento do Seguro PROAGRO que resultou em interpretação de cláusula contratual (Súmula 05/STJ).*
>
> *V. Recurso conhecido em parte e, nesta parte, provido.*
>
> (3ª Turma, REsp nº 123.217/PR, Rel. Min. Waldemar Zveiter, unânime, DJU de 14.12.1998)

COMERCIAL E PROCESSUAL CIVIL. EMBARGOS À EXECUÇÃO. JULGAMENTO ANTECIPADO DA LIDE. CERCEAMENTO DE DEFESA. PRODUÇÃO DE PROVA. DESNECESSIDADE. SÚMULA Nº 7/STJ.

I. Devidamente justificada pelo Tribunal a quo *a prescindibilidade da realização da prova técnica, cuja dispensa provocou a alegação de cerceamento da defesa, o reexame da matéria recai no âmbito fático, vedado ao STJ, nos termos da Súmula nº 7.*

II. Recurso especial não conhecido.

(4ª Turma, REsp nº 480.364/CE, Rel. Min. Aldir Passarinho Junior, unânime, DJU de 22.04.2003)

O precedente apontado pelo recorrente não diz respeito à mesma situação fática, pois no caso dos autos houve omissão por parte do condutor do veículo.

Como já mencionado, o valor arbitrado a título de dano moral não está excessivo, não caracterizado, portanto, o enriquecimento ilícito.

Ante o exposto, nego provimento ao agravo.

É como voto.

EXTRATO DA ATA

AG 800032 – AL – Rel.: Ministro Aldir Passarinho Junior. Agte.: Empresa São Francisco Ltda. Agdo.: Sandyonara Camila Ramos da Silva.

Decisão: A Turma, por unanimidade, negou provimento ao agravo regimental, nos termos do voto do Sr. Ministro Relator.

Os Srs. Ministros Hélio Quaglia Barbosa, Massami Uyeda e Cesar Asfor Rocha votaram com o Sr. Ministro Relator.

Presidência do Senhor Ministro Hélio Quaglia Barbosa. Presentes à sessão os Senhores Ministros Aldir Passarinho Junior, Massami Uyeda e Cesar Asfor Rocha.

Subprocurador-Geral da República, Dr. Antônio Carlos Pessoa Lins.

Claudia Austregésilo de Athayde Beck, Secretária.

PROCESSUAL PENAL – RECURSOS ESPECIAIS – HOMICÍDIO CULPOSO NA DIREÇÃO DE VEÍCULO AUTOMOTOR – DESCLAS-SIFICADO PARA OMISSÃO DE SOCORRO – RECURSO ESPECIAL DO MINISTÉRIO PÚBLICO QUE OBJETIVA A CONDENAÇÃO DO RECORRIDO COMO INCURSO NAS SANÇÕES DO ART. 302, PARÁGRAFO ÚNICO, INCISO III, DA LEI Nº 9.503/97 – RECURSO ESPECIAL INTERPOSTO PELA DEFESA QUE BUSCA COMPROVAR A JUSTA CAUSA QUE JUSTIFIQUE A OMISSÃO DO SOCORRO À VÍTIMA – RECURSOS QUE DEMANDAM A ANÁLISE DE MATÉRIA FÁTICO PROBATÓRIA QUE EXTRAPOLA OS LIMITES DE COG-NIÇÃO DA VIA ELEITA, UMA VEZ QUE RECLAMAM A APRECIA-ÇÃO DE MATÉRIA NÃO DISCUTIDA PELO E. TRIBUNAL A QUO.

RECURSO ESPECIAL Nº 1.004.990 – AC
Quinta Turma do Superior Tribunal de Justiça
Relator: Ministro Felix Fischer
Recorrente: Ministério Público do Estado do Acre – Primeiro, Antonio Jose da Silva Vieira – Segundo
Recorrido: Os mesmos

EMENTA

Processual Penal – Recursos especiais – Homicídio Culposo na direção de veículo automotor – Desclassificado para omis-são de socorro – Recurso Especial do Ministério Público que objetiva a condenação do recorrido como incurso nas san-ções do art. 302, parágrafo único, inciso III, da lei nº 9.503/97 – Recurso Especial interposto pela defesa que busca comprovar a justa causa que justifique a omissão do socorro à vítima – Recursos que demandam a análise de matéria fático probató-ria que extrapola os limites de cognição da via eleita, uma vez que reclamam a apreciação de matéria não discutida pelo E. Tribunal a quo.

1. Na hipótese dos autos, tanto o recurso especial interposto pelo *Parquet* que busca a condenação do recorrido como incurso nas sanções do art. 302, parágrafo único, inciso III, da Lei nº 9.503/97, por entender que restou cabalmente comprovada a culpa do recorrido, como o apelo nobre manejado pela defesa que almeja demonstrar que a omissão de socorro à vítima se deu em razão de justa causa, extrapolam os limites de apreciação do material fático-probatório na via eleita, uma vez que reclamam, um e outro, a análise de dados que não restaram discutidos no objurgado acórdão. Inicide, portanto, o enunciado da súmula nº 7 desta Corte.

2. Frise-se que o caso que se apresenta não se confunde com a situação na qual se teria a revaloração da prova, procedimento este admitido na via eleita. Isso porque, para que se possa, em tese, examinar as pretensões ventiladas pelos recorrentes não bastaria a releitura dos fatos delineados no v. acórdão atacado, mas seria indispensável compulsar os autos a fim de verificar se as provas neles constantes sustentariam a conclusão almejada por cada recorrente.

Recursos não conhecidos.

ACÓRDÃO

Vistos, relatados e discutidos os autos em que são partes as acima indicadas, acordam os Ministros da QUINTA TURMA do Superior Tribunal de Justiça, por unanimidade, não conhecer dos recursos. Os Srs. Ministros Laurita Vaz, Arnaldo Esteves Lima e Jorge Mussi votaram com o Sr. Ministro Relator.

Ausente, ocasionalmente, o Sr. Ministro Napoleão Nunes Maia Filho.
Brasília (DF), 28 de fevereiro de 2008.
ARNALDO ESTEVES LIMA, Presidente
FELIX FISCHER, Relator.

RELATÓRIO

O EXMO. SR. MINISTRO FELIX FISCHER:
Tratam-se de recursos especiais interpostos por Antônio José da Silva Vieira e pelo *parquet*, com fundamento no art. 105, inciso III, alí-

nea *a*, da Carta Magna, em face de v. acórdão proferido pela c. Câmara Criminal do e. Tribunal de Justiça do Estado do Acre, na apelação criminal nº 2006.001200-3.

Depreende-se dos autos que Antônio José da Silva Vieira foi denunciado como incurso nas penas do art. 302 da Lei nº 9.503/97, em virtude de ter provocado colisão de veículo que dirigia com a bicicleta utilizada pela vítima Mariane Aparecida Silva Gomes, fato que ocasionou o falecimento desta. Posteriormente, adveio a r. sentença, que desclassificou o delito (homicídio culposo) e condenou o réu nas penas do art. 304, parágrafo único, da Lei nº 9.503/97 (omissão de socorro), à pena de 06 (seis) meses de detenção, no regime aberto. A pena privativa de liberdade foi substituída por restritiva de direitos, que consistiu na prestação pecuniária no valor de 15 (quinze) salários mínimos. Irresignadas, as partes apelaram. O e. Tribunal *a quo*, por unanimidade, negou provimento a ambos recursos. Eis a ementa do v. acórdão:

> *DIREITO PENAL E PROCESSUAL PENAL. APELAÇÃO CRIMINAL. DELITO DE TRÂNSITO. ABSOLVIÇÃO – INADMISSIBILIDADE. CONDENAÇÃO NO DELITO DE HOMICÍDIO CULPOSO – AUSÊNCIA DE CULPA IMPOSSIBILIDADE.*
>
> *1. Verificando-se que o Apelante não prestou socorro à vítima, inadmite-se sua absolvição. Provas testemunhais incontestes.*
>
> *2. Inexistindo qualquer modalidade de culpa, impossível pleitear-se a condenação do Apelante. Se o laudo pericial esclarece que a causa do acidente foi motivado por problemas mecânicos, não se caracteriza a ocorrência de homicídio culposo.*
>
> *3. Apelos a que se negam provimento* (fl. 166).

Opostos embargos de declaração pela defesa, foram os mesmos rejeitados (fls. 202/205).

Daí os presentes apelos, no qual alega o *parquet* que o v. acórdão contrariou o disposto no art. 302 da Lei nº 9.503/97 (Código de Trânsito), eis que *"(...) afastou a culpa do réu no sinistro, desconsiderando a negligência do mesmo em manter o veículo em condições de trafegabilidade."* (fl. 214). Requer, assim, que seja cassado o v. acórdão para reformar a r. sentença de primeira instância e condenar Antônio José da Silva Vieira nas penas do art. 302, parágrafo único, inciso III, da Lei nº 9.503/97.

No recurso especial interposto pela defesa, aduz que *"(...) está claro nos autos que o redcorrente não prestou diretamente socorro porque, primeiro não poderia tirar o carro do local em conformidade com a legislação de trânsito; segundo, porque o carro estava sem freio, por isso pediu a um terceiro para dar assistência à vítima, de modo que sua atitude não caracteriza omissão de socorro."* (fl. 221). Requer, por fim, que seja absolvido o réu da pena imposta no art. 304, parágrafo único, da Lei nº 9.503/97 (omissão de socorro).

Contrarrazões às fls. 228/230.

Admitido na origem, ascenderam os autos a esta Corte (fl. 233).

A douta Subprocuradoria-Geral da República, às fls. 238/240, se manifestou pelo não conhecimento dos recursos em parecer assim ementado:

> *RESP. Criminal. Acidente de trânsito. Omissão de socorro e ausência de culpa do motorista pelo óbito reconhecidos pela instância de origem, com base nas provas dos autos. Revisão de entendimento que demanda nova incursão no conjunto fático-probatório, o que é vedado em sede de recurso especial. Súmula 07/STJ. Precedentes. Parecer pelo não conhecimento dos recursos.* (fl. 238).

É o relatório.

VOTO

O EXMO. SR. MINISTRO FELIX FISCHER:

No recurso do Ministério Público, requer o *Parquet* que Antônio José da Silva Vieira seja condenado por homicídio culposo. Já no recurso defensivo, busca-se a absolvição do réu quanto ao delito de omissão de Socorro As irresignações não merecem ser conhecidas. No *punctum saliens*, tem-se no voto condutor do v. acórdão guerreado: "O pleito de Antônio José não está revestido de harmonia com as provas produzidas, daí ser impossível conceder-lhe a absolvição requerida. Com efeito, este não prestou socorro à vítima e não conseguiu demonstrar que riscos existiram para que assim agisse.

A certidão de fl. 08 noticia, pela palavra do pai da vítima, que "(...) sua filha MARIANE APARECIDA SILVA GOMES, de 15 anos, foi socorrida por terceiros (...)".

O Boletim de Ocorrência da Polícia Militar relata que "(...) o condutor do veículo se evadiu do local deixando para trás o veículo (...) – fl. 09.

A testemunha VENILSON FERREIRA DE PAULA declarou, à fl. 22, diz: "(...) Que, depois da colisão, o motorista saiu correndo do carro, procurando se evadir do local; Que populares na hora gritaram chamando para ele parar e vir socorrer a vítima; Que não viu ninguém nesse momento usar de agressividade ou de ameaças com o condutor do veículo... Que quem socorreu a moça foi um rapaz, que, quase morta, com muito sangue saindo do ouvido, para ser levada na carroceria de seu carro(...)".

A testemunha JOÃO ALENCAR DE OLIVEIRA, por sua vez, declarou, à fl. 24, *verso*: "(...) Que depois da colisão o motorista parou uns vinte metros à frente. Que saiu pouco apressado, subindo na direção quem vai para o Fórum, deixando o local. Que não procurou ver o que tinha acontecido, nem socorrendo a vítima. Que não viu ninguém nesse momento usar de agressividade ou de ameaças com o condutor da caminhonete (...)".

A testemunha ROGÉRIO NUNES DE SOUZA declarou, à fl. 25: "(...) Que, o condutor não parou para prestar socorro à vítima, tendo o depoente saído correndo acudir a vítima, de nome MARIANA, conhecida do depoente, a qual ficou estirada no meio da rua, sangrando pelos ouvidos e toda trêmula, além de ficar desmaiada. Que naquele momento passava no local um veículo Pampa, cujo condutor conduziu imediatamente a vítima para o hospital local. Que o carro atropelador parou a uns quinze a vinte metros do local do atropelamento, ficando estancado, enquanto que o condutor se evadia (...)".

Assim, pelo cotejo das provas acima transcritas, entendo que razão não assiste ao Apelante.

O apelo ministerial, que pretende ver reconhecida a ocorrência de homicídio culposo, com a aplicação da qualificadora de não prestação de socorro à vítima, a meu ver, não deverá ter sucesso, pois a razão está com o magistrado sentenciante, que assim manifestou-se: "(...) Não é possível, contudo, a condenação do denunciado nas penas do art. 302, parágrafo único, III da Lei 9.503/97, afinal não restou provada, de forma segura e definitiva, qualquer modalidade de culpa.

O laudo asseverou que o veículo conduzido pelo réu apresentava 'avarias de danificação do sistema hidráulico do burrinho do freio, isolando completamente o sistema de segurança (freio)', concluindo que 'as avarias perpetradas contra o veículo examinado, foram ocasionadas através de falha mecânica' (...)" – fl. 100.

A meu entender, andou bem o juízo *a quo*, pois, efetivamente, falha mecânica foi verificada, isentando o Apelante de qualquer modalidade de culpa.

Portanto, sem razão o órgão ministerial, ora Apelante. *EX POSITIS*, e do mais que dos autos consta, voto pelo improvimento de ambos os recursos" (fls. 168/169).

Percebe-se, dos termos em que se circunscreveu a apreciação da matéria pelo e. Tribunal *a quo*, que o v. acórdão se encontra devidamente fundamentado no que tange à condenação pela prática do crime de omissão de socorro. Entender de modo contrário demandaria o revolvimento, no presente recurso, do material fático-probatório, o que é inviável nesta instância, a teor do enunciado nº 7 da Súmula desta Corte.

Dessa forma, não há como se acolher o pleito veiculado no recurso especial ora analisado, sem que se incorra no reexame do conjunto probatório. Frise-se que o caso que se apresenta não se confunde com a situação na qual se teria a revaloração da prova, procedimento este admitido na via eleita. Isso porque, para que se possa, em tese, examinar as pretensões ventiladas pelos recorrentes não bastaria a releitura dos fatos delineados no v. acórdão atacado, mas seria indispensável compulsar os autos a fim de verificar se as provas neles constantes sustentariam a conclusão almejada por cada recorrente. E tal não é permitido. Vale dizer, na delicada e, por vezes, tecnicamente polêmica diferenciação entre o vedado reexame do material cognitivo (Súmula nº 07 – STJ e Súmula nº 279 – STF) e a denominada revaloração da prova, um ponto, em sede de *error iuris* (e não *error in procedendo*), é pacífico. Para se ter a última situação, imprescindível que o substrato fático-probatório especificamente reconhecido em segundo grau seja exaustivo e não passível de pronto questionamento. Caso contrário, ter-se-ia uma análise de eventual ou discutível *error facti*.

In casu, aquilo que foi delineado e admitido em segundo grau não permite, sem recurso a outros dados, que se conclua por um pretenso *error iuris*, em forma, ex hipóteses, de inobservância ao princípio do livre convencimento fundamentado. E a reapreciação fora de tais limites, do material de conhecimento encontra óbice no restrito campo de verificação dos recursos de natureza extraordinária conforme entendimento sumulado.

Sobre o tema, trago precedentes desta Corte sobre a impossibilidade de exame de provas, em casos semelhantes, em sede de recurso especial:

> *RECURSO ESPECIAL. PENAL. ESTELIONATO. MATERIA-LIDADE E AUTORIA. REEXAME DE PROVAS. SÚMULA 7/STJ. NÃO CONHECIMENTO.*
>
> *Aplica-se o disposto na Súmula 7 do Superior Tribunal de Justiça, eis que a via escolhida não se presta para avaliar a materialidade e autoria do fato em questão, sem que se tenha de realizar aprofundado reexame do material cognitivo. Recurso não conhecido.* (REsp 633.663/RS, 5ª Turma, Rel. Min. José Arnaldo da Fonseca, DJU de 14/11/2005).

> *RECURSO ESPECIAL. PROCESSUAL PENAL. CONCUS-SÃO. INTERESSE RECURSAL. DEFESA PRELIMINAR DO ARTIGO 514 DO CPP. AUSÊNCIA. NULIDADE INEXISTENTE. DENÚNCIA FUNDADA EM INQUÉRITO POLICIAL. INVER-SÃO DO PROCEDIMENTO DE OITIVA DE TESTEMUNHAS.*

AUSÊNCIA DE NULIDADE. AUSÊNCIA DO MP NA AUDIÊN-CIA DE INSTRUÇÃO. PRINCÍPIO PAS NULLITÉ SANS GRIEF. RECURSO IMPROVIDO.

...

5. A análise de que a prova testemunhal, produzida após o término da instrução, apresentou dúvidas quanto à autoria e culpabilidade, implica reexame das provas, sendo que o objetivo do recurso especial é reparar falhas existentes na aplicação da lei e não o revolvimento da matéria fático-probatória, recaindo na Súmula 7 do STJ. 6. Recurso a que se nega provimento. (Resp 174.290/RJ, 6ª Turma, Rel. Min. Hélio Quaglia Barbosa, DJU de 03/10/2005).

Ante o exposto, não conheço dos presentes recursos especiais. É o voto.

EXTRATO DA ATA

RESP 1004990 – AC – Rel.: Felix Fischer. Recte.: Ministério Público do Estado do Acre – Primeiro, Antonio Jose da Silva Vieira – Segundo. Recdo.: Os mesmos.

Decisão: A Turma, por unanimidade, não conheceu dos recursos.

Os Srs. Ministros Laurita Vaz, Arnaldo Esteves Lima e Jorge Mussi votaram com o Sr. Ministro Relator. Ausente, ocasionalmente, o Sr. Ministro Napoleão Nunes Maia Filho.

Presidência do Senhor Ministro Arnaldo Esteves Lima. Presentes à sessão os Senhores Ministros Felix Fischer, Laurita Vaz, Arnaldo Esteves Lima e Jorge Mussi.

Subprocurador-Geral da República, Dra. Mônica Nicida Garcia. LAURO ROCHA REIS, Secretário.

PROCESSUAL PENAL – *HABEAS CORPUS* – HOMICÍDIO CULPOSO – AUSÊNCIA DE JUSTA CAUSA PARA A AÇÃO PENAL – ALEGADA INEXISTÊNCIA DE CONDUTA IMPRUDENTE, NEGLIGENTE OU IMPERITA E OMISSÃO DE SOCORRO – IMPOSSIBILIDADE DE ANÁLISE NA VIA DO WRIT – EXAME APROFUNDADO DE PROVAS – AÇÃO PENAL PRIVADA SUBSIDIÁRIA DA PÚBLICA – TRANCAMENTO – INADMISSIBILIDADE – INÉRCIA DO MINISTÉRIO PÚBLICO DEMONSTRADA – ART. 29 DO CPP – ORDEM DENEGADA.

HABEAS CORPUS Nº 50260 – RJ
Sexta Turma do Superior Tribunal de Justiça
Relator: Ministro Paulo Medina
Paciente: José Graciliano da Silva
Impetrante: Oswaldo Ianni
Impetrado: Tribunal de Justiça do Estado do Rio de Janeiro

EMENTA

Processual Penal – *Habeas Corpus* – Homicídio Culposo – Ausência de justa causa para a ação penal – Alegada inexistência de conduta imprudente, negligente ou imperita e omissão de socorro – Impossibilidade de análise na via do *writ* – Exame aprofundado de provas – Ação penal privada subsidiária da pública – Trancamento – Inadmissibilidade – Inércia do ministério público demonstrada – Art. 29 do CPP – Ordem Denegada.

Marcado por cognição sumária e rito célere, o *habeas corpus* não comporta o exame de questões que, para seu deslinde, demandem aprofundado exame do conjunto fático-probatório dos autos, posto que tal proceder é peculiar ao processo de conhecimento.

O trancamento de ação penal, pela via estreita do *writ*, somente é possível quando, pela mera exposição dos fatos narrados na denúncia, constata-se que há imputação de fato penalmente atípico, inexistência de qualquer elemento indiciário demonstrativo da autoria do delito ou extinta a punibilidade.

Demonstrando os autos que o crime ocorreu em 1996 e, após o prazo legal, a ausência de oferecimento de denúncia, correta a atuação do particular, pai da vítima, em intentar ação penal privada subsidiária da pública, como permite o art. 29 do Código de Processo Penal.

Não há como se aguardar a finalização de um inquérito policial instaurado há 10 anos, em que não haja ação penal pública instaurada pelo seu titular, por necessidade de maiores investigações. Mister a continuidade da ação privada iniciada pelo particular, não havendo falar-se em trancamento.

Se a queixa-crime descreve conduta que, em tese, constitui crime, incabível é a alegação de falta de justa causa, tanto mais porque, nessa fase processual, prevalece o princípio do *in dubio pro societate,* bastando, para o recebimento da queixa, a mera probabilidade de procedência da ação penal.

Constrangimento ilegal não verificado.

Ordem DENEGADA.

ACÓRDÃO

Vistos, relatados e discutidos os autos em que são partes as acima indicadas, acordam os Ministros da Sexta Turma do Superior Tribunal de Justiça, por unanimidade, denegar a ordem de *habeas corpus,* nos termos do voto do Sr. Ministro Relator. Os Srs. Ministros Nilson Naves, Hamilton Carvalhido e Paulo Gallotti votaram com o Sr. Ministro Relator.

Presidiu o julgamento o Sr. Ministro Paulo Gallotti.

Brasília (DF), 12 de junho de 2006.

PAULO GALLOTTI, Presidente

PAULO MEDINA, Relator.

RELATÓRIO

O EXMO. SR. MINISTRO PAULO MEDINA:

Trata-se de *habeas corpus,* com pedido liminar, impetrado em favor de JOSÉ GRACILIANO DA SILVA contra acórdão da Quarta Câmara

Criminal do Tribunal de Justiça do Estado do Rio de Janeiro, prolatado nos autos do Recurso em Sentido Estrito nº 2003.051.00444.

Depreende-se dos autos que Paulo Ernani Newlands Machado, pai do menor, vítima de acidente de trânsito, que envolveu veículo conduzido por JOSÉ GRACILIANO DA SILVA, ofereceu queixa-crime substitutiva, postulando sua punição por homicídio culposo (art. 121, §§ 3º e 4º, do CP).

Data, o crime, de 30 de novembro de 1996. Rejeitada a inicial, foi interposto recurso em sentido estrito para o egrégio Tribunal de Justiça fluminense.

Por maioria, o apelo restou provido (julgamento em 22 de junho de 2004, para possível análise de prescrição), sendo determinado o recebimento da queixa-crime e o prosseguimento da ação penal.

O julgado em questão recebeu a seguinte ementa:

> *RECURSO EM SENTIDO ESTRITO. HOMICÍDIO CULPOSO (ART. 121, §§ 3º e 4º DO CÓDIGO PENAL). AÇÃO PENAL PRIVADA SUBSIDIÁRIA. INÉRCIA DO REPRESENTANTE DO MINISTÉRIO PÚBLICO. PROVA EVIDENTE DA AUTORIA DO CRIME. EVIDÊNCIA DE CULPA DO AUTOR DO CRIME. DESNECESSIDADE DE OUTRAS DILIGÊNCIAS, PRINCIPALMENTE DE LAUDO PERICIAL DO LOCAL, ABSOLUTAMENTE IRRELEVANTE AO ESCLARECIMENTO DA VERDADE. PROVIMENTO DO RECURSO. (fl. 178).*

Em face do entendimento proclamado pelo Tribunal *a quo*, impetra-se o presente *habeas corpus*, com base nos seguintes fundamentos:

1. Ausência de justa causa para a ação penal, pois não teria agido o paciente com imprudência ou imperícia aptas a caracterizar a prática de crime culposo;

2. Impossibilidade de ajuizamento de ação penal privada subsidiária da pública, porquanto não caracterizada a inércia do Ministério Público, que teria requerido diligências ainda não cumpridas;

3. Impossibilidade de aplicação da qualificadora insculpida no art. 29, § 4º, do Código Penal ao caso, pois o paciente teria se retirado do local do fato porque atemorizado com a reação dos populares que prestaram auxílio à vítima. Requer o impetrante, liminarmente, a concessão da ordem e, no mérito, sua confirmação, para que o processo seja trancado, por ausência de justa causa.

Indeferi a liminar (fls. 245/247).

O Ministério Público Federal opinou pela CONCESSÃO da ordem, em parecer assim fundamentado (fl. 269):

> *Ação Penal privada subsidiária da pública. Queixa-crime. Impossibilidade ante a não demonstração de inércia do Órgão Ministerial. Diligência requerida pelo* parquet *no curso de inquérito policial. Parecer pela concessão da ordem.*

É o relatório.
Decido.

VOTO

O EXMO. SR. MINISTRO PAULO MEDINA (Relator):

Cinge-se o pedido no reconhecimento da ausência de justa causa para a ação penal, impossibilidade de ajuizamento de ação penal privada subsidiária da pública e impossibilidade da aplicação da qualificadora do § 4º do art. 121 do CP. Por questão de ordem, analiso os pedidos separadamente:

DA AUSÊNCIA DE JUSTA CAUSA PARA A AÇÃO PENAL DA IMPOSSIBILIDADE DA APLICAÇÃO DA QUALIFICADORA DO § 4º DO ART. 121, DO CP.

Esclareço que a pretensão do paciente é o trancamento da ação penal, em sua gênese, sem a instrução criminal, sem o contraditório, sem permitir ao *parquet* a possibilidade de produzir as provas que entenda necessário para a condenação do acusado.

Ademais, afirma o impetrante não existir justa causa para a instauração de ação penal, pois não teria o paciente agido com imprudência, negligência ou imperícia, aptas a caracterizar a prática de crime culposo e que não se configurou a situação inscrita no § 4º do art. 121, do CP, que eleva a pena em 1/3 se o agente deixa de prestar imediato socorro à vítima, não procura diminuir as consequências do seu ato, ou foge para evitar prisão em flagrante.

O paciente foi investigado porque teria cometido homicídio culposo a bordo do caminhão em que atropelou o menor Paulo Victor Guilhon Newlands Machado, que passeava pelo local em uma bicicleta, incidente ocorrido numa Vila Militar do Rio de Janeiro.

Informa a queixa-crime (fl. 71) que a falta de atenção do paciente foi tamanha que somente interrompeu o movimento do veículo após ser informado, aos gritos, por populares, que acabara de atropelar uma criança. Ato contínuo, ao descer do caminhão e avistar a vítima estendida no asfalto, o paciente, sem motivo justificável, imediatamente evadiu-se do local sem prestar auxílio à vítima, que ali mesmo faleceu. A queixa-crime descreve conduta tida como criminosa, estando em perfeita consonância com os arts. 41, 43 e 44 do Código de Processo Penal, narrando fatos objetivos e concretos, a permitir ao paciente possa defender-se. Analisando os fatos descritos no pórtico acusatório, vê-se que subsumem às figuras típicas já descritas. Entretanto, se tais fatos e circunstâncias são verdadeiros, se aconteceram da maneira como narrada na queixa-crime, são questões a serem resolvidas na ação de conhecimento, ocasião em que, acusação e defesa, com *paridade de armas*, utilizando dos meios disponíveis, provarão os fatos discutidos no processo.

É induvidoso que, para o início da ação penal, vigora o princípio *in dubio pro societate*. A certeza poderá ser exigida apenas quando as provas forem apresentadas em juízo, sob o crivo do contraditório, no momento da prolação da sentença penal.

Assim, a não ser em casos extremos, é defeso ao Estado-Juiz impedir que o Estado-Administração demonstre a responsabilidade penal do acusado, com o regular andamento da ação penal.

Por outro lado, reconheço que o *habeas corpus* é ação constitucional destinada a proteger o direito deambulatório do cidadão, quando experimenta ameaça ou efetiva coação ilegal ou por abuso de poder.

É posição desta Corte que o trancamento da ação penal, em sede de *habeas corpus,* marcado por cognição sumária e rito célere, só pode ser realizado quando, sem a necessidade de exame aprofundado e valorativo dos fatos, indícios e provas, restar inequivocamente demonstrado, pela impetração, a atipicidade flagrante do fato, a ausência de indícios a fundamentarem a acusação, ou, ainda, a extinção da punibilidade.

Nesse sentido, colaciono o seguinte precedente desta Corte acerca do tema:

> HABEAS CORPUS. *PROCESSUAL PENAL. EXTORSÃO MEDIANTE SEQUESTRO. NEGATIVA. AUTORIA. CONDENAÇÃO. TRANCAMENTO DA AÇÃO PENAL. EXAME APROFUNDADO DE PROVA. IMPOSSIBILIDADE.*
>
> *1. A autoria do crime e a tipicidade subjetiva do fato requisitam, para sua afirmação ou negação, enquanto próprias do mundo dos fatos, o exame do conjunto da prova, estranho à via angusta do* habeas corpus *e adequado ao tempo da sentença.*
>
> *2. Ordem denegada.* (HC nº 24.670/SP, Relator Ministro Hamilton Carvalhido, 6ª Turma, D. J. em 2/2/2004)

Devem os elementos probatórios, portanto, ser submetidos ao livre convencimento motivado do juiz da causa para, no devido processo legal, emitir um juízo de certeza acerca da subsunção do fato ao tipo, inclusive para efeito de análise do elemento subjetivo do tipo, qual seja, o dolo.

Posto isso, NÃO CONHEÇO destes pedidos, formulados em sede de *habeas corpus.*

DA IMPOSSIBILIDADE DE AJUIZAMENTO DE AÇÃO PENAL PRIVADA SUBSIDIÁRIA DA PÚBLICA, PORQUANTO NÃO CARACTERIZADA A INÉRCIA DO MINISTÉRIO PÚBLICO.

O paciente afirma a impossibilidade de manutenção da ação penal privada subsidiária da pública, contra si instaurada, eis que não houve inércia por parte do Ministério Público Estadual, que aguarda o cumprimento de diligências *"para melhor esclarecimento dos fatos, porque suprimidos elementos indiciários de conduta infracional por parte do Paciente – culpa* stricto sensu".

Pois bem. O crime aconteceu em 1996, data em que foi instaurado o inquérito policial. Não obstante, ainda em 2003, o procedimento não tinha sido concluído.

Como se percebe pelo documento de fl. 137, em sua última promoção, datada de 28 de janeiro de 2003, o Ministério Público mais uma vez deixou de oferecer denúncia, determinando o retorno dos autos do inquérito à Delegacia de Polícia, *"por mais 90 dias, para conclusão".*

Afirmou o *parquet* ser necessária a junção do laudo pericial do local do homicídio.

Por mais que se entenda ser necessário que a acusação deva arregimentar a demonstração suficiente da culpa *stricto sensu* para a tipificação, com suporte probatório mínimo a ensejar a instauração de ação penal, 10 anos para o oferecimento de denúncia é prazo demasiado longo a afrontar o princípio da razoabilidade e da celeridade processual!

O particular, no caso, o pai da vítima, sem a disposição de equipe investigatória e hipossuficiente na demonstração de indícios de autoria, conseguiu convencer o Tribunal de Justiça do Rio de Janeiro a receber a queixa-crime dentro do prazo legal de 6 meses, fixado pelo art. 38 do CPP.

Como expresso pela inicial acusatória (fl. 70): *"tendo em vista não ser tal documento imprescindível ao oferecimento da denúncia, não seria demasiado classificar como totalmente desnecessárias essas constantes baixas do inquérito ao distrito policial, já que essa prova pode facilmente ser produzida durante a instrução criminal, sem qualquer prejuízo a qualquer das partes."*

Analisando-se a queixa-crime, dessume-se que o autor da ação penal subsidiária instruiu-a com a exposição do fato criminoso, documentos que demonstram indícios da autoria, depoimentos testemunhais, tudo em perfeita consonância com as disposições do art. 41 da Lei Instrumental Penal.

O Tribunal de Justiça, no acórdão guerreado, quando recebeu a queixa-crime, assim se expressou quanto à necessidade da instauração da ação penal subsidiária, *verbis* (fl. 177/178):

> *A decisão recorrida deve ser reformada porque em desacordo com as circunstâncias dos autos.*
>
> *Esclareça-se, desde logo, que o recorrente instruiu a queixa-crime subsidiária com documentos que comprovam indícios da culpa do autos do crime de homicídio, pelo qual faleceu seu filho.*
>
> *Os depoimentos de fls. 21/24 forneceram indícios suficientes de que o indiciado José Graciliano da Silva agiu sem as devidas cautelas, o que tornaria ocioso e inútil o pretendido laudo pericial do local, tendo em vista que no presente caso só será possível aferir-se a culpa pela imprudência ou negligência do indiciado através de prova testemunhal.*
>
> *Assim, retardar o oferecimento da denúncia de um homicídio ocorrido em 1996, por suposta necessidade de outras diligências, é apenas ignorar a realidade dos autos, que contêm todos os elementos para fundamentar uma denúncia.*
>
> *Em juízo, certamente a verdade dos fatos surgirá, comprovando ou não a culpa do indiciado.*
>
> *Lamentavelmente, os crimes culposos sempre foram banalizados e considerados de menor importância, quando verdadeiramente, juntamente com a impunidade dos crimes dolosos, concorrem para o desprestígio da lei e da justiça, porque tão nocivos ao convívio quanto aos crimes dolosos.(...)*
>
> *Por tais fundamentos, dá-se provimento ao recurso, determinando-se o recebimento da queixa-crime e o prosseguimento da ação penal, com a observância dos demais procedimentos do CPP.*

Resta, então, demonstrada a inércia do Ministério Público, que não interveio nos termos subsequentes do processo, em cumprimento do art. 45 do CPP, que permite o aditamento da queixa e a intervenção posterior do *parquet*.

Para certificar-me da inexistência de ação penal pública possivelmente instaurada neste intervalo de 10 anos contra o paciente, entrei em contato, por telefone e fax, com a 2ª Vara Criminal de Bangu, no Rio de Janeiro, onde fui informado que, contra o paciente, corre apenas a presente ação penal, de nº 2003.204.006.942-7.

Por todo o exposto, não há como conhecer do *habeas corpus* quanto à negativa de autoria e não configuração da situação de omissão de socorro, constante do § 4º do art. 121 do CP. Não obstante, o faço para reconhecer a inércia do órgão do Ministério Público na instauração da competente ação penal pública para apurar o suposto homicídio, em tese, culposo, de autoria do paciente JOSÉ GRACILIANO DA SILVA, mas denego a ordem, mantendo na integralidade o acórdão objurgado.

Posto isso, DENEGO a ordem.

EXTRATO DA ATA

HC nº 50260 – RJ – Rel.: Paulo Medina. Pacte.: José Graciliano da Silva. Impte.: Oswaldo Ianni. Impdo.: Tribunal de Justiça do Estado do Rio de Janeiro.

Decisão: A Turma, por unanimidade, denegou a ordem de *habeas corpus*, nos termos do voto do Sr. Ministro Relator.

Os Srs. Ministros Nilson Naves, Hamilton Carvalhido e Paulo Gallotti votaram com o Sr. Ministro Relator. Presidiu o julgamento o Sr. Ministro Paulo Gallotti.

Presidência do Senhor Ministro Paulo Gallotti. Presentes à sessão os Senhores Ministros Paulo Medina, Nilson Naves e Hamilton Carvalhido.

Subprocurador-Geral da República, Dr. Moacir Mendes Souza.

Eliseu Augusto Nunes de Santana, Secretário.

CRIMINAL – RECURSO ESPECIAL – HOMICÍDIO CULPOSO, AGRAVADO PELA OMISSÃO DE SOCORRO – DESCONSIDERA-ÇÃO DA CAUSA DE AUMENTO – SUPOSIÇÕES ACERCA DAS CONDIÇÕES FÍSICAS DA VÍTIMA – COMPETÊNCIA DO ESPE-CIALISTA LEGALMENTE HABILITADO E NÃO DO AGRESSOR – IMPOSSIBILIDADE – RECURSO DESPROVIDO.

RECURSO ESPECIAL Nº 277.403 – MG
Quinta Turma do Superior Tribunal de Justiça
Relator: Ministro Gilson Dipp
Recorrente: Marco Aurélio Ferreira dos Anjos
Recorrido: Ministério Público do Estado de Minas Gerais

EMENTA

Criminal – Recurso Especial – Homicídio Culposo, Agra-vado pela Omissão de Socorro – Desconsideração da causa de aumento – Suposições acerca das condições físicas da vítima – Competência do especialista legalmente habilitado e não do agressor – Impossibilidade – Recurso Desprovido.

1. É inviável a desconsideração do aumento de pena pela omissão de socorro, se verificado que o réu estava apto a acudir a vítima, não existindo nenhuma ameaça a sua vida nem a sua integridade física.

2. A prestação de socorro é dever do agressor, não cabendo a este levantar suposições acerca das condições físicas da vítima, medindo a gra-vidade das lesões que causou e as consequências de sua conduta, sendo que a determinação do momento e causa da morte compete, em tais cir-cunstâncias, ao especialista legalmente habilitado.

3. Recurso desprovido.

ACÓRDÃO

Vistos, relatados e discutidos os autos em que são partes as acima indicadas, acordam os Ministros da QUINTA TURMA do Superior Tri-bunal de Justiça, A Turma, por maioria, conheceu do recurso, mas lhe negou provimento, nos termos do voto do Sr. Ministro Relator. Os Srs. Ministros José Arnaldo da Fonseca e Felix Fischer votaram com o Sr. Ministro Relator.

Votou vencido o Sr. Ministro Jorge Scartezzini.

Brasília (DF), 04 de junho de 2002.

FELIX FISCHER, Presidente

GILSON DIPP, Relator.

RELATÓRIO

O EXMO. SR. MINISTRO GILSON DIPP:

Trata-se de recurso especial interposto por MARCO AURÉLIO FERREIRA DOS ANJOS, com fundamento na alínea "c" do inciso III do art. 105 da Constituição Federal, em face do v. acórdão proferido pela Segunda Câmara Criminal do Tribunal de Justiça do Estado de Minas Gerais, que deu provimento apenas parcial ao recurso da defesa, para diminuir a pena que lhe foi imposta em primeiro grau de jurisdição, pela prática de homicídio culposo, agravado pela omissão de socorro.

O acórdão recorrido recebeu a seguinte ementa (fl. 339):

> *DELITO DE TRÂNSITO – TRIBUNAL DO JÚRI – DES-CLASSIFICAÇÃO – RECURSO EM SENTIDO ESTRITO – A desclassificação delitiva, retirando o feito da órbita do tribunal do júri, transferindo a competência para o juiz singular, equivale à impronúncia, desafiando desconstituição pela via do recurso em sentido estrito, nos termos do art. 581, inciso IV, do Código de Processo Penal.*

O recorrente, em suas razões, sustenta divergência jurisprudencial, pugnando pela desconsideração da qualificadora da omissão de socorro.

Foram apresentadas contrarrazões às fls. 381/387.

Ao recurso foi negado seguimento, às fls. 389/391, subindo a esta Corte pelo provimento do recurso de agravo de instrumento (fl. 480).

A Subprocuradoria-Geral da República opinou pelo não conhecimento do recurso (fls. 485/488).

É o relatório.

VOTO

O EXMO. SR. MINISTRO GILSON DIPP:

Trata-se de recurso especial interposto contra o acórdão proferido pela Segunda Câmara Criminal do Tribunal de Justiça do Estado de Minas Gerais que deu provimento apenas parcial ao recurso de apelação interposto pela defesa, para diminuir a reprimenda imposta ao recorrente pela prática do crime de homicídio culposo, agravado pela omissão de socorro. Consta dos autos que o recorrido foi denunciado como incurso no art. 121, *caput*, do Código Penal, por ter atropelado e provocado a morte da vítima, pretendendo o *parquet,* sustentando a ocorrência de dolo eventual, a submissão do réu ao julgamento pelo Tribunal do Júri.

O juiz singular, entretanto, entendeu tratar-se, *in casu*, de delito culposo, agravado pela omissão de socorro da vítima. Assim, condenou o recorrente à pena de 03 (três) anos e 04 (quatro) meses de detenção, como incurso no art. 121, § 3º e § 4º, do Código Penal.

Da sentença, recorreram o réu e o Ministério Público. O Órgão Ministerial pretendeu a reconsideração da decisão de primeiro grau, reconhecendo-se ser hipótese de dolo eventual, que determinaria o julgamento popular. O réu, por seu turno, pugnou por sua absolvição ou, alternativamente, pela redução da pena, em razão da desconsideração da causa de aumento de pena (omissão de socorro).

O recurso ministerial foi desprovido, enquanto que o da defesa foi parcialmente acolhido para promover a diminuição da pena, entendendo ter sido a reprimenda fixada sem a observância dos requisitos do art. 59 do CP, sem, contudo, desprezar a causa de aumento de pena.

Diante disso, interpôs o réu o presente recurso especial, através do qual, sustentando divergência jurisprudencial, repisa os argumentos no sentido de que seja desconsiderada a causa de aumento de pena, pois, segundo alega, a morte imediata da vítima descaracteriza a omissão de socorro.

Entendo que o recurso não merece ser provido.

A decisão que se pretende desconstituir está firmada nos seguintes termos:

> *Por outro lado, a exasperação da reprimenda, derivada da omissão de socorro, deve ser mantida. O agente tinha condições físicas de fazê-lo, tanto que, após o sinistro, ainda conversou com uma testemunha (fls. 17 e fls. 86). Nenhum indício de situações de risco à sua pessoa, desautorizando-o a clamar por temor de represálias por parte das pessoas que estavam no local. A presença de terceiros no local e o estado da ofendida após o acidente, se ferida ou morta, não o eximem da obrigação de diligenciar para prestar socorro. Não tinha ele condições de proceder a tal avaliação, não lhe competindo, pois, detectar o real estado da vítima, para concluir se merecia ou não o socorro. A condenação pelo homicídio culposo deve ser mantida, da mesma forma que se impõe a permanência da qualificadora, traduzida na omissão de socorro.*

De fato, a prestação de socorro é dever do causador do ilícito e a causa especial de aumento da pena somente poderá ser afastada nos casos em que se verifique a total impossibilidade de fazê-lo, tais como, situações que coloquem em risco a vida do autor (ameaça de linchamento, por exemplo) ou que caracterizem que este estava impossibilitado fisicamente de acudir a vítima.

Contudo, da decisão recorrida se constata que nenhuma circunstância exculpante socorre o recorrente. A alegação de que as lesões causaram morte imediata também não se presta à exclusão da circunstância especial de aumento de pena, pois, ao agressor, não cabe, no momento do fato, presumir as condições físicas da vítima, medindo a gravidade das lesões que causou e as consequências de sua conduta. Tal responsabilidade é do especialista médico, autoridade científica e legalmente habilitada para, em tais circunstâncias, estabelecer o momento e a causa da morte.

Dessa forma, não há o que reparar na decisão recorrida, que se pautou, inclusive, de acordo com o entendimento desta Corte, como se depreende dos seguintes julgados:

> *RESP – HOMICÍDIO CULPOSO – OMISSÃO DE SOCOR-*
> *-RO – RÉU QUE SEQUER TENTA SOCORRER A VÍTIMA,*
> *NEM É IMPEDIDO OU AMEAÇADO POR TERCEIROS –*
> *QUALIFICADORA CARACTERIZADA.*
>
> *1. Caracteriza-se a omissão de socorro se o motorista atro-*
> *pelante foge do local, sem sequer tentar socorrer a vítima, e sem*
> *provar que não o fez por ter sido impedido, ou ameaçado por*
> *terceiros.*
>
> *2. Recurso conhecido e improvido.* (RESP nº 161.399/SP; Rel. Ministro Anselmo Santiago; DJ 15/03/1999)

> *PENAL. RECURSO ESPECIAL. HOMICÍDIO CULPOSO*
> *QUALIFICADO. OMISSÃO. LEX MITIOR.*
>
> *Não se mostrando despicienda a conduta exigida e nem*
> *havendo risco pessoal para o agente, é de se reconhecer a majo-*
> *rante específica da omissão porquanto inobservado o dever de*
> *agir calcado em basilar obrigação de solidariedade.*
>
> *Recurso provido.* (RESP nº 207.148/MG; Rel. Ministro Felix Fischer; DJ 04/09/2000)

Diante do exposto, nego provimento ao recurso.

É como voto.

VOTO-VENCIDO

O Exmo. Sr. Ministro JORGE SCARTEZZINI:

Sr. Presidente, com a devida vênia do eminente Ministro Relator, dele divirjo. Compreendi, do relatório externado, que inexiste quaisquer controvérsias acerca da morte imediata da vítima. De outro lado, depreende-se que o acusado não empreendeu fuga do local do evento delituoso.

Creio que, na hipótese, não se poderia exigir-lhe conduta diversa, já que não detinha os conhecimentos técnicos necessários para auxiliar a vítima – o réu não é médico.

Destarte, não poderia socorrer a vítima. Nessa esteira, entendo impossibilitada a majoração da pena, levando em consideração tal circunstância.

Destarte, Sr. Presidente, acolho a tese da defesa, porquanto entendo ser impossível a majoração da pena, tendo em vista a morte imediata da vítima.

É como voto.

EXTRATO DA ATA

RESP 277403 – MG – Rel.: Gilson Dipp. Recte.: Marco Aurélio Ferreira dos Anjos. Recdo.: Ministério Público do Estado de Minas Gerais.

Decisão: A Turma, por maioria, conheceu do recurso, mas lhe negou provimento, nos termos do voto do Sr. Ministro Relator.

Os Srs. Ministros José Arnaldo da Fonseca e Felix Fischer votaram com o Sr. Ministro Relator.

Votou vencido o Sr. Ministro Jorge Scartezzini.

Presidência do Senhor Ministro Felix Fischer. Presentes à sessão os Senhores Ministros Gilson Dipp, José Arnaldo da Fonseca e Jorge Scartezzini.

Subprocurador-Geral da República, Dr. Arx da Costa Tourinho.

Lauro Rocha Reis, Secretário.

Conclusão

A legislação quando trata da omissão de socorro tem como objetivo proteger a vida e a incolumidade pessoal através da relação de solidariedade que deve existir entre os homens. Sendo assim, a norma penal tornou obrigatória o dever de garantir socorro a quem necessitar independente de vínculo com a vítima, ou na impossibilidade deste, pedir auxílio à autoridade.

O crime de omissão de socorro, devido à sua tamanha importância, foi tipificado na legislação penal como crime genérico no Código Penal, como uma modalidade especial nos crimes dispostos no Código de Trânsito Brasileiro e até mesmo foi lembrado no Novo Código de Ética Médica impondo ao profissional da saúde médica o dever legal de socorrer.

Em certos casos, o crime de omissão de socorro pode ser considerado até mesmo como delito subsidiário, casos onde este será absorvido pelo crime principal tornando-se uma qualificadora deste.

Com a Legislação, o Estado visa inibir qualquer ação contrária ao que estipula, através de sanções impostas àquele que deixa de prestar socorro à vitima, além de criar na sociedade um sentimento de solidariedade.

É por isso que o Código Penal, em seu artigo 135, pune com pena de um a seis meses de detenção àquele que deixar de prestar assistência, quando possível fazê-lo sem risco pessoal, à criança abandonada ou extraviada, ou à pessoa inválida ou ferida, ao desamparo ou em grave e iminente perigo; ou não pedir, nesses casos, o socorro da autoridade pública.

O dever jurídico de realizar o socorro é imperativo. Ciente da existência de vítima enferma, a pessoa tem o dever legal de prestar a ela o socorro e não podendo fazê-la deverá pedir auxílio à autoridade competente.

Agindo assim, estará a pessoa cumprindo estritamente o dever legal a ela imposto. Sua omissão é crime.

Portanto, independente de cor, credo, classe, amizade, relação de parentesco ou qualquer outro vínculo de relacionamento, a pessoa tem o dever de prestar auxílio àquele que estiver necessitado, ele deve ser solidário, para que esteja protegido o bem jurídico da vida, este de indiscutível importância.

BIBLIOGRAFIA

BRUNO, Aníbal. **Crimes Contra a Pessoa**. 4ª ed. Rio de Janeiro: Forense, 1978.

CAPEZ, Fernando. **Aspectos Criminais do Código de Trânsito Brasileiro**. 2ª ed. São Paulo: Saraiva, 1999.

CONSTANTINO, Carlos Ernani. Transfusão de Sangue e Omissão de Socorro. **Revista Jurídica**, nº 246, abril, 1998.

DELMANTO, Celso. **Código Penal Comentado**. 3ª Ed. Renovar. RJ/RJ; 1991.

FORSTHOFF. **O Estado Moderno**. Barcelona: Editorial Minerva, 1987.

FRAGOSO, Heleno. **Comentários ao Código Penal: decreto-lei nº 2.848, de 7 de dezembro de 1940**. 5ª ed. Rio de Janeiro: Forense, 1980. v. 6.

GONZAGA, João Bernardino. **O Crime de Omissão de Socorro**. São Paulo: Max Limonad, 1957.

JESUS, Damásio E. de. **Crimes de Trânsito**. 4ª ed. São Paulo: Saraiva, 2000.

JESUS, Damásio E. de. **Direito Penal**. 27ª ed. ver. e atual. São Paulo: Saraiva, 2005. v. 2.

MAZZILLI, Hugo Nigro. **A Defesa dos Interesses Difusos em Juízo**. 9ª ed. São Paulo: Saraiva, 1997.

MIRABETE, Julio Fabbrini. **Manual de Direito Penal**. 23ª ed. São Paulo: Atlas, 2005. v. 2.

NORONHA, E. Magalhães. **Direito Penal**. 26ª ed São Paulo: Saraiva, 1994. v. 2.

PÉRIAS, Osmar Rentz. **Omissão de Socorro**. Ed. 2001. São Paulo: CL EDIJUR, 2001.

SEBASTIÃO, Jurandir. **Responsabilidade Médica: civil, criminal e ética – comentários, referências ao direito positivo aplicável, à doutrina e à jurisprudência**. 3ª ed. Belo Horizonte: Del Rey, 2003.

SILVA, Plácido e. **Dicionário Jurídico**. Rio de Janeiro: Forense, 1999.

SILVEIRA, Euclides C. da. **Crimes contra a Pessoa**. 2ª ed. São Paulo: RT, 1973.

Impressão e acabamento
Imprensa da Fé